SABINE ASGODOM

Deine Sehnsucht
wird dich führen

SABINE ASGODOM

Deine Sehnsucht wird dich führen

Wie Menschen erreichen,
wovon sie träumen

Kösel

Verlagsgruppe Random House FSC® N001967

Copyright © 2016 Kösel-Verlag, München,
in der Verlagsgruppe Random House GmbH
Neumarkter Straße 28, 81673 München
Umschlag: Weiss Werkstatt, München
Umschlagmotiv: shutterstock/designelements
Druck und Bindung: CPI books, GmbH, Leck
Printed in Germany
ISBN 978-3-466-31041-8
www.koesel.de

 Dieses Buch ist auch als E-Book erhältlich.

Inhalt

Deine Sehnsucht wird dich führen

Sehnsucht war bei mir lange mit mädchenhafter Romantik verbunden, zum Beispiel in Form des Wiener Opernballs. Wahrscheinlich hatte ich zu oft Sissi-Filme gesehen. Jedes Jahr im Februar saß ich vor dem Fernseher, sah ORF, trank einen Piccolo und träumte davon, mich irgendwann einmal bei »Alles Walzer« in den Armen eines wundervollen Tänzers im Walzertakt zu drehen.

Aber wie es bei vielen Träumen ist – die *Aber* überwogen:
Aber die Karten sind viel zu teuer.
Aber man bekommt eh keine Karten auf dem freien Markt.
Aber du hast gar kein elegantes Abendkleid.
Und das überzeugendste *Aber*: Dein Ehemann kann gar nicht Walzer tanzen und würde lieber ins Dschungelcamp gehen, als mit dir zu den Frackträgern nach Wien reisen.

Kaum waren 15 Jahre vergangen, als sich alle *Aber* fast wie von selbst aufgelöst hatten: Ich hatte mich von meinem Dschungelkämpfer getrennt. Ich hatte eine Designerin kennengelernt, die mir ein traumhaftes Ballkleid schneiderte. In Wien hatte ich Geschäftspartnern von meinem Traum erzählt, und sie konnten mir bezahlbare Karten besorgen. Und es gab tatsächlich einen guten Freund, der bereit war, mich übers Parkett zu schieben, und der sogar private Tanzstunden mit mir dafür nahm. Und jetzt kommt die Botschaft dieses Buchs ins Spiel:

Deine Sehnsucht wird dich führen. Du musst die Chancen aber auch nutzen!

Denn das Sehnen allein hilft nichts, das Zelebrieren deines Traums allein bringt dich nicht ans Ziel. Du brauchst neben Fantasie und Kreativität eine Strategie, den Mut des Handelns und eine gehörige Portion Durchhaltevermögen. Von diesem Weg zur Traumerfüllung handelt dieses Buch.

2005 schritt ich an der Seite meines lieben Freundes Christoph, er natürlich im Frack, die Treppen der Wiener Staatsoper hinauf. Wir drängten uns am Rand der Tanzfläche zwischen die 7000 anderen Gäste, um wenigstens einen Blick auf die Debütantinnen werfen zu können. Und bei »Alles Walzer«, dem Eröffnungsruf des Balls, gab es kein Halten mehr. Ja, genauso hatte ich mir das vorgestellt. Also nicht ganz so voll, nicht ganz so teuer (zwei Glas Champagner für 60 Euro!). Aber ich will nicht meckern. Wir haben getanzt bis zum frühen Morgen. Als ich im Hotel meine hohen Schuhe auszog, hatte ich das Gefühl, jemand hätte mir mit einem Hammer stundenlang auf jede einzelne Zehe gehauen. (Halt, ich wollte doch nicht meckern.) Und am nächsten Morgen gingen wir zum Frühstücken auf den Naschmarkt, wie es sich gehört. Ein Traum war wahr geworden.

Ich nehme an, dass etwa 0,49 Prozent der Leser und Leserinnen dieses Buchs den Opernball-Traum mit mir teilen (na, sind Sie nächstes Jahr dabei?).

4,51 Prozent würden ja gern, wenn es nicht so viele *Aber* gäbe (bitte den Text noch einmal von vorne lesen).

Und die anderen 95 Prozent haben ganz andere Träume (Dschungelcamp? Nicht? Na gut …).

Deshalb werden Sie in diesem Buch auch ganz unterschiedliche Strategien kennenlernen, alle im Umsetzen von Träumen bewährt. Und Sie werden jede Menge Erkenntnisse und Anregungen bekommen, wie Sie Ihren ganz persönlichen Traum verwirklichen können, egal ob klein, groß oder der einzigartige Lebenstraum. Sie werden erfahren, wie wertvoll Visionen sind und welche Möglichkeiten Sie haben, diese tatsächlich zu leben.

Stellen Sie sich einmal vor, Sie sitzen an einem Spielbrett. Sie spielen ein Spiel mit dem Titel »Das gute Leben«. Sie kommen mit Ihrer Figur auf ein besonders gekennzeichnetes Feld in Ihrer Lieblingsfarbe, auf dem Sie sich drei Wunschkarten ziehen dürfen. In der Spielerklärung heißt es: »Diese Träume werden in Erfüllung gehen.«

Die drei Karten sind nicht ausgefüllt, sondern bieten Platz für Ihre ureigenen Wünsche. Laut Spielanleitung werden Sie inspiriert, möglichst Ihre Vernunft außen vor zu lassen, sich nicht um Erwartungen von außen zu kümmern, sich nicht um sozial Erwünschtes zu scheren. Sie sollen frisch und frei der Meister oder die Meisterin Ihrer Wünsche sein.

Sie werden ermutigt, die Wünsche aus Ihrem Innersten hervorzuholen, aus Ihrer Sehnsucht, aus Ihrem Traum vom Glück. Wünsche, die eine Herausforderung für Sie bedeuten oder ein Ankommen, Wünsche, die Sie in die Welt hinausführen oder ganz nah zu sich. Es gibt auch »völlig unrealistische Wünsche«, wie manche von Ihnen sagen würden, Wünsche mit Gänsehautpotenzial, die so ein prickelndes Gefühl hinterm Brustbein erzeugen. Ob Visionen oder Utopien – Sie schreiben, was Sie mögen.

Sie werden weiterhin aufgefordert, die Träume möglichst präzise zu beschreiben, also statt »glücklich sein« sollen Sie möglichst genau aufschreiben, was für Sie Glück bedeutet.

Stellen Sie sich vor, Sie lassen sich auf das Spiel ein – was würden Sie dann auf Ihre Blanko-Wunschkarten schreiben?

1. ....

2. ....

3. ....

Falls Sie auf zwei der Karten »Gesundheit« und »Weltfrieden« (oder etwas ähnlich Vorbildliches) geschrieben haben, bekommen Sie hier noch zwei Extrakarten für Ihre ganz persönlichen Wünsche:

4. ....

5. ....

Falls Sie jemand sind, der nie in ein Buch hineinschreiben würde, oder falls Sie das Buch als E-Book lesen oder es ausgeliehen haben – Sie finden im Internet die fünf Wunschkarten zum Herunterladen oder Ausdrucken: www.deine-sehnsucht-wird-dich-fuehren.de. Sie werden diese Karten immer wieder gebrauchen können, wenn Sie weiterlesen. Denn darum dreht sich dieses Buch: Ihre Sehnsucht erkennen, erspüren, benennen und dann Ihren Traum umsetzen. Denn: Träume werden geboren. Taten werden vollbracht. Oder andersherum formuliert: Träume sind die Mütter der Taten.

Bei der Gelegenheit eine kurze »Gebrauchsanweisung« für dieses Buch:

Die mit diesem Symbol ⌣ gekennzeichneten Übungen finden Sie auch im Internet unter www.deine-sehnsucht-wird-dich-fuehren.de/#traumuebungen – dort ergänzt mit weiterführenden Informationen.

Dieses Symbol ▶ verweist auf einen Zusammenschnitt des an der jeweiligen Stelle abgedruckten Interviews. Dieses Interview und alle anderen so gekennzeichneten Gespräche finden Sie unter www.deine-sehnsucht-wird-dich-fuehren.de/#videos. Diese Videos vermitteln zudem ein sehr authentisches Bild der Traum-Umsetzer.

Ein gutes Beispiel dafür, wie aus Träumen Taten werden, ist Edeltraud Steinbrink, Sozialwissenschaftlerin, 53 Jahre. Sie hat sich zum 50. Geburtstag einen Traum erfüllt: Sie hat ihn in Buenos Aires verbracht, allein. Wie jeder Traum hat auch dieser eine Vorgeschichte: Edeltraud hat mit acht Jahren ein Kinderbuch gelesen mit dem Titel *Monika reist aus*, ein rotes Buch, sie erinnert sich genau. In dem Buch ging es um ein Mädchen, das auf abenteuerliche Weise auf einem Schiff nach Buenos Aires in Argentinien fährt. Auf dem Schiff lernt sie einen älteren Mann kennen, trifft ihn nach 20 Jahren in Argentinien wieder, heiratet ihn und bekommt vier Kinder, drei Mädchen und einen Jungen.

Edeltraud bekommt in unserem Interview einen ganz verklärten Gesichtsausdruck, wenn sie an die Geschichte denkt. Was hat sie an dem Kinderbuch so fasziniert?

▶ »Monika ist mit einem großen Dampfer von Hamburg aus über den Atlantik, dann über den Rio del la Plata bis nach Buenos Aires gefahren. Ich habe damals gedacht, wow, so weit kann man reisen! Das ist ja toll. Da willst du auch mal hin. Und das war meine ganze Jugend lang immer wieder mein Glücksgedanke: Man kann auch weg.

Ich komme aus einem winzig kleinen Dorf. Ich merkte, man

kann auch weg aus dem Dorf. Weg aus der nächsten kleinen Stadt. Und mit 22 habe ich die Erfahrung gemacht, man kann auch ganz aus Deutschland weg. Und es ist schön.«

Mit 22 Jahren lernte Edeltraud beim Squashspielen einen zehn Jahre älteren Mann aus ihrem Dorf kennen, der seit Jahren in Südamerika lebte und auf Heimaturlaub war. Er erzählte ihr, er arbeite in Paraguay, sie solle ihn doch mal besuchen. Und das hat sie schon zwei Monate später getan. Sie ist nach Asunción geflogen, hat den Mann dort am Ausgang stehen sehen und gewusst: Der ist es. Sie haben geheiratet, vier Kinder bekommen – und jetzt wird es magisch: drei Mädchen und einen Jungen, genau wie ihre Buchheldin Monika.

Edeltraud schüttelt sich vor Lachen: »Ist das nicht toll? Das richtige Leben ist Magie, wenn du es zulässt. Das richtige Leben ist Zauber.«

Was für eine mutige Frau mit einer umwerfenden Ausstrahlung!

»Es tut gut, auch mal vorgezeichnete Wege zu verlassen. Du musst auch mal was machen, was nicht vorgeplant ist, du musst die Komfortzone verlassen. Du lernst unglaublich viel, vor allem über dich selbst. Du musst dich trauen im Sinne von: Es wird schon gut werden! Bei jedem eigenen Schritt entwickelst du auch eigene Kräfte oder entdeckst sie wieder. Wenn du dich einmal auf den Weg machst, traust du dich mehr. Das Leben wird bunter.«

Edeltraud war mit 29 Jahren das erste Mal in Buenos Aires.

»Ich ging die Prachtstraße ›Avenida 9 de Julio‹ entlang, ich stand an diesem großen, weißen Obelisken, alle Touristen gehen da hin, und dachte, hier möchte ich auch stehen, wenn ich 50 werde.«

50 Jahre alt werden war für sie damals noch weit, weit weg, »mindestens 256 Jahre entfernt«.

Einige Monate vor ihrem 50. Geburtstag – Edeltraud lebte längst wieder in Deutschland – erinnerte sie sich plötzlich an ihren Traum und sagte sich: »Du wirst 50, gnädige Frau, du musst nach Buenos Aires.« Sie strahlt bei dieser Erinnerung.

Sie hat sich einen Flug gebucht, ganz allein. Sie stand an ihrem 50. Geburtstag unter dem Obelisken, mit einem Piccolo in der Hand, und hat sich ihr Geburtstagslied gesungen. Jetzt lacht sie laut heraus und freut sich diebisch über diese Erinnerung.

»Und bei dieser Reise ist noch etwas sehr Schönes passiert. Beim Einchecken am Flughafen am Abend vor meinem Geburtstag wurde ich in die Businessclass upgegradet. Einfach so. Und dadurch saß ich neben einer Frau, mit der ich sofort ins Gespräch kam. Es stellte sich schnell heraus, dass sie am gleichen Tag wie ich Geburtstag hatte und in diesem Jahr 87 wurde. Sie war eine deutsche Jüdin, die inzwischen in Tel Aviv lebte. Sie hatte aber ebenfalls einige Jahre in Buenos Aires gewohnt. Wir haben nicht geschlafen in dieser Nacht über dem Atlantik. Wir hatten ganz viel zu erzählen und sind Freundinnen fürs Leben geworden.«

Was für eine unglaublich schöne Traumgeschichte! Und gar nicht ungewöhnlich. Ähnliche Geschichten habe ich oft gehört, mit manchen Menschen habe ich solche Träume freigeschaufelt und geholfen, sie umzusetzen. Ich habe die Erfahrung gemacht, dass die meisten Menschen wissen, was sie bräuchten, um glücklich und zufrieden zu sein. Ich sage besser »wüssten«. Dieses Wissen ist weniger ein Denken, es ist mehr ein Spüren und ein Fühlen, es steckt in allen Körperzellen – solch ein Wissen nennt man *Sehnsucht*. Die Sehnsucht arbeitet nicht nur im Kopf, sondern bis tief hinein in unser Inneres. Wenn wir bereit für die Botschaft der Sehnsucht sind, dann macht sie sich bemerkbar: durch ein Erschauern im Bauch, durch ein Ziehen in der Brust, in der Gänsehaut auf den Armen, wenn wir nur daran denken, wie beglückend unser Leben sein könnte. Und damit sind wir am Ziel, zu dem unsere Sehnsucht uns führen soll: zur Erfüllung unserer Träume – kleiner Träume, großer Träume oder zur Erfüllung des einen, des einzigartigen Lebenstraumes.

Das Ziel: Der Verheißung folgen

Dieses Buch hält einige wichtige Erkenntnisse für Sie bereit, die Sie im Einzelnen in den folgenden Kapiteln näher nachlesen können:

- Die meisten Träume oder ihre Vorformen entstehen in der Kindheit und suchen sich den richtigen Zeitpunkt zur Verwirklichung.
- Wenn der Traum sich erfüllt, fängt die Arbeit erst richtig an.
- Manche Träume lieben uns nicht zurück.
- Besser einen Traum gelebt und gescheitert, als es nicht versucht zu haben.
- Manche Träume brauchen etwas länger, bis sie wahr werden.
- Manche Träume suchen sich uns aus, obwohl wir gar nicht darauf gewartet haben. Es braucht oft nur einen winzigen Impuls.
- Manche Träume werden vererbt und müssen adaptiert werden.
- Hör nicht auf die anderen – sie sehen das Bild nicht, das du siehst.
- Die Erfüllung von Träumen bekommt man nicht geschenkt, man muss etwas dafür tun.

Deine Sehnsucht wird dich führen. Als ich eines Morgens aufwachte, hatte ich diese Verheißung im Kopf. Seit Wochen hatte ich mich mit diesem neuen Buchprojekt beschäftigt, einem Buch darüber, wie wir unsere Träume verwirklichen können. Und auf einmal war er da, der Satz: »Deine Sehnsucht wird dich führen.« Nicht dein Wille und nicht deine Erwartungen, nicht deine Gier und nicht deine Habsucht, nicht deine Talente und nicht deine Ängste – sondern deine Sehnsucht.

Immer wenn ich jemandem von diesem Buchtitel erzählt habe, bekamen die Menschen so einen verträumten Blick, sie schauten eher nach innen als nach außen, und automatisch begannen sie, erst bedächtig und dann immer kraftvoller mit dem Kopf zu nicken. Eine Freundin, der ich am Telefon davon erzählte, schwieg lange und sagte dann: »Ich habe eine Gänsehaut. Genau das ist es. Ich möchte auch meiner Sehnsucht folgen. Aber darf ich das?«

Viele Träume entstehen, wie bei Edeltraud, in der Kindheit. Ich habe als Zwölfjährige davon geträumt, Eiskunstlauf-Weltmeisterin zu werden. In meiner Kindheit gab es ein Traumpaar auf dem Eis, Marika Kilius und Hans-Jürgen Bäumler. Vor dem Einschlafen sah ich mich als Star auf dem Eis, in den Armen des dunkelgelockten Hans-Jürgen, das Licht auf mich gerichtet, die waghalsigsten Sprünge zeigend, vor Tausenden von begeisterten Zuschauern. Dieser Traum vom Ruhm wurde leider nie wahr, denn die kleine Sabine aus einem kleinen Dorf in Niedersachsen hatte nie Schlittschuhlaufen gelernt. Stimmt – und stimmt nicht. Wenn ich daran denke, welcher heiße Wunsch mit den Tagträumen verbunden war – wahrgenommen zu werden, Liebe und Anerkennung zu bekommen –, dann hat er sich eben doch erfüllt. Manchmal ist die Sehnsucht der Wegweiser für Wünsche, die sich ganz tief und heimlich in unserem Traum verbergen.

Sie werden beim Lesen dieses Buches Gelegenheit bekommen, Ihre Traumbilder liebevoll zu betrachten und herauszufinden, welche Bedürfnisse sich hinter Ihren Wünschen und Träumen verbergen. Und mehr als das: Wünschen ohne Handeln ist wie Suppe ohne Salz – langweilig. Und deshalb ist dieses Buch nicht für Traumtänzer, sondern für Menschen, die wirklich den Tanz auf dem Vulkan wagen wollen – *es geht um die aktive Umsetzung*. Denn das Leben ist zu kurz, um Träume ständig zu verschieben. Dabei ist die Bandbreite, was wir unter einem Traum verstehen, sehr weit:

Manche wilden Träume können Revolution bedeuten, andere sanfte drehen sich »nur« um eine Auszeit. Einige Träume streben danach, den Sinn im Tun zu finden, andere wollen einfach mehr Spaß im Leben haben. Menschen, die auf Entdeckungsreise zu ihren Träumen sind, haben oft noch gar keine Worte für das, was in ihnen los ist. Sie spüren vielleicht nur eine starke innere Unruhe – oder eine fast körperlich fühlbare Distanz zu den Menschen, mit denen sie zusammen sind, oder zu der Tätigkeit, die sie ausüben. Manche Träume streben einfach weg von etwas Altem, andere fühlen sich stark angezogen von etwas Neuem. Sie sehen jetzt schon: Sehnsucht ist weit mehr fühlen als denken.

Deine Sehnsucht wird dich führen. Es gibt kein stärkeres Beispiel dafür als die Not leidenden Flüchtlinge, die während der Entstehungsphase dieses Buches aus geschundenen Ländern nach Europa strömen. Würden Menschen sonst das ganze Geld, das sie in ihrer Familie und von Freunden zusammenkratzen können, habgierigen Schleppern geben? Würden sich Menschen sonst in ein verrottetes Boot setzen und hoffen, lebend übers Mittelmeer zu kommen? Würden Familien mit ihren Kindern zu Fuß den Balkan durchqueren und sich Hitze,

Kälte, Regen, Hunger und Durst aussetzen, wenn nicht die tiefe Sehnsucht nach Frieden und Wohlergehen und einer Perspektive für ihre Kinder sie führen würde? Alle Menschen wünschen sich Frieden und Wohlergehen und eine Perspektive für die nächsten Generationen. Was für uns gilt, gilt für die Menschen aus anderen Ländern ganz genauso. Und hat es immer schon gegolten. Millionen von Europäern sind in schwierigen Zeiten nach Amerika ausgewandert. Millionen haben in Kriegen ihre Heimat verlassen (müssen), um zu überleben. Leben in Frieden ist ein Menschenrecht.

Da das Leben nicht immer so dramatisch ist, und weil wir – zum Glück – in der Regel nicht um unser Leben fürchten müssen, sondern es »nur« verschwenden, versickern viele unserer Träume im Alltag zwischen Arbeit und Abwasch, zwischen Elternabend und Steuererklärung. Oder sie werden nicht gehört, weil die Stimme des Körpers und der Seele ängstlich und leise ist. Oder weil der wache Tag so voller Arbeit und Pflichten ist, dass keine Zeit zur Muße und damit zu Tagträumen bleibt und man abends nur todmüde ins Bett fällt.

Träume versumpfen in den immer gleichen Fernsehabenden oder in stundenlangen Computerspielen, die nur der Ablenkung dienen, in eingefahrenen Familienritualen oder immer wiederkehrenden Streits, die alle Gedanken stoppen. Manche Träume werden aufgegeben, weil sie entweder als total unrealistisch erscheinen oder weil die Angst vor dem Preis für die Veränderung zu hoch ist.

Vielleicht haben Sie schon einmal den Spruch gehört oder gelesen: »Hüte dich vor deinen Träumen, denn sie könnten wahr
werden.« Dieser Spruch hat mich immer schon geärgert. Da
zischt ein missmutiges »Freu dich nicht zu früh« oder »Du
wirst schon sehen …« mit. Ich schlage vor, wir drehen den
Spruch einfach ins Positive: »Glaube an deine Träume, denn sie
könnten wahr werden!«

Ja, darum geht es in diesem Buch. Es soll Ihr Erlaubnisbuch
sein. Es soll Mutmacher sein und Anstifter zu Leidenschaft und
Lust. Es soll Ihnen Inspiration sein und lebensnahe ganz praktische Tipps geben. Sie werden erfahren, wie Alex Stein nach
der BFB-Methode ihren Lebenstraum einer eigenen Buchhandlung umgesetzt hat (BFB = Bauchgefühl, Fakten, Businessplan).
Und wie naive Frechheit Christina Kasemir geholfen hat, ihren
Traum von einer Massagepraxis auf Rügen zu verwirklichen.

Das Buch verbindet Leichtigkeit und Ernsthaftigkeit. Und es
soll Ihnen mit vielen Beispielen zeigen: Ja, es geht. Spinn rum.
Riskier's. Bleib dran! Sie werden eine Menge über ein Leben
mit Lust und Liebe lesen. Auch wenn nicht jeder Traum uns
zurückliebt, wie die bekannte Schriftstellerin und Journalistin
Ildikó von Kürthy mir im Interview berichtet hat.

15 Lebenstraum-Geschichten sollen Ihnen mehr Inspiration
und Erkenntnisse liefern als alle Ratgeber zum Thema »Ziele
erreichen«. Denn es gibt keine Patentrezepte. Es gibt Vorbildliches, Nachdenkliches, Unglaubliches und total Menschliches.
All dies wird Ihre eigene Fantasie beflügeln. Sie können Ihre eigenen Träume mit den Geschichten in Verbindung bringen.
Sie werden Erkenntnisse über sich selbst entwickeln und tief in
sich spüren, wie sehr Ihr Wunsch Sie berührt. Alles Praktische

von »Wie schreibe ich einen Businessplan?« bis zu »Muss ich eine GmbH gründen?« finden Sie besser und aktueller im Internet.

In diesem Buch finden Sie dagegen die spannenden Antworten von Frauen und Männern darauf,

- wie sie gemerkt haben, welcher Traum sie anzieht,
- wann der Traum in ihr Leben getreten ist,
- warum sie sich entschieden haben, ihm zu folgen,
- wie sie geplant und konkret angefangen haben,
- was ihnen Zuversicht gegeben hat,
- wie sie Visionen anderer zu ihren eigenen gemacht haben,
- welche Bedenkenträger sie abschütteln mussten,
- wer ihnen dabei geholfen hat,
- welche Hindernisse sich ihnen in den Weg gestellt haben,
- wie sie die Hindernisse überwunden haben und
- was sie anderen Menschen mit auf den Weg geben können, die noch am Anfang ihrer Traumreise sind.

Die Berichte der Menschen spiegeln die ganze Vielfalt des Themas wider.

Dirk Römer aus Düsseldorf glaubt an eine große Idee – nämlich Qualität im Handwerk – und setzt alles darauf. »All in« würden Pokerspieler sagen: Zeit, Kraft, Mut und alles Geld, das er besitzt. Und er erzählt in aller Offenheit davon, wie hart das Geschäft ist – aber warum es sich eben auch gelohnt hat, Mut zu beweisen.

Fritz Hoffmeister ist 25 Jahre alt und hat zwei eigene Musikbands. Mit 14 klimperte er im Urlaub zufällig das erste Mal auf einer Gitarre herum, heute ist er ein begnadeter Gitarrist. Er erzählt mit viel Liebe und klarem Blick, wie die Musik ihn einfing – und wie er seinen klaren Traum verwirklicht hat.

Tolle Menschen haben mir Einblicke in ihren Traum und ihre Umsetzung in das wahre Leben gegeben. Ich habe sie alle live interviewt, meine Recherche-Reisen führten mich von der Insel Rügen bis an die Schweizer Grenze, vom Nürburgring bis nach Kärnten. Meine Interviewpartner erzählen ehrlich und unverblümt – Sie können sich auf den schon erwähnten Video-zusammenschnitten selbst davon überzeugen.

»Die Sehnsucht hat allemal recht,
aber der Mensch verkennt sie oft.«

Bettina von Arnim

Johanna, pensionierte Lehrerin aus Norddeutschland, zog, nachdem sie zum zweiten Mal Witwe geworden war, nach München, in die Nähe ihrer Tochter. Aber sie wurde mit Bayern nicht warm. Jeden Januar zog es die 62-Jährige in den Süden, nach Tunesien oder Südspanien – Seniorenurlaub zum Überwintern. Sie brauchte die Sonne und die Wärme. Sie war eine fantastische Schwimmerin und liebte das Meer. Strahlend und braun gebrannt kehrte sie jedes Mal zurück. Als sie wieder einmal nach zehn Wochen Aufenthalt an der Costa del Sol in den Münchner April-Himmel starrte, brummte sie: »Ich mag keinen Winter. Warum muss ich immer hierher zurückkommen?!«

Ihre Tochter antwortete: »Warum kommst du überhaupt zurück? Zieh doch ganz nach Spanien!«

»Aber das geht doch nicht.«

»Warum nicht?«

»Das kann ich doch Mutti nicht antun.« Ihre Mutter war damals 84 Jahre alt.

»Du bist doch in drei Flugstunden in Hannover.«

»Und du und die Kinder?«

»Wir kommen dich regelmäßig besuchen.«

Johanna bekam einen sehnsuchtsvollen Blick, sie atmete tief durch: »Ja, warum eigentlich nicht?«

Sie fand über ein Zeitungsinserat für ein Jahr eine Wohnung in einer kleinen Stadt in Andalusien, zwischen Malaga und Marbella. Sie suchte Untermieter für ihre Münchner Wohnung und machte sich mit zwei Koffern per Zug auf den Weg nach Spanien. Beim Umsteigen in Zürich wurde ihr die Brieftasche mit Pass und allen anderen Papieren gestohlen. Sie fuhr unbeirrt weiter.

Die Wohnung entpuppte sich als sehr verdreckt. Sie putzte sie eine Woche lang gründlich. Vom Elektriker vor Ort, der die Fernsehantenne reparieren sollte, bekam sie den Tipp für eine andere Wohnung. Wie sich herausstellte, ihre Traumwohnung, die sie sich mit ihrer Lehrerinnen-Pension leisten konnte.

Von ihrer Dachterrasse aus sah Johanna hinaus aufs Meer und hörte die Brandung rauschen. Sie ging bei jedem Wetter an den Strand. Stolz erzählte sie, dass sie sogar an Heiligabend schwimmen gewesen war. Sie hatte bald einen großen deutschsprachigen Freundeskreis.

Johanna war meine Mutter.

Sie hat ihren Traum verwirklicht. In einem Alter, in dem viele Menschen ihre Träume begraben, ist sie ihrer Sehnsucht gefolgt. 20 wunderbare Jahre hat sie dadurch gewonnen.

Die Botschaft dieser Geschichte: Du kannst in jedem Alter anfangen, deinen Traum zu verwirklichen. Es ist selten zu früh und nie zu spät. Vielleicht schaffst du nicht mehr die Voll-Version deines Traumfilms, sondern nur noch einen spannenden Kurzfilm. Aber es lohnt sich. Immer. Denn es gibt gar keine »Endstation Sehnsucht«, sondern Sehnsucht immer als Startpunkt, an dem die Reise erst losgeht.

Ich nenne den Weg zu den selbst gesteckten Zielen »Sehn-

Suche«. Ich betone das Wort Sehnsucht so, als wäre es in zwei Worten geschrieben, also »Sehn sucht«, denn es hat für mich weniger mit Sucht zu tun, sondern mit dem Sehnen, das einen Weg sucht, erfüllt zu werden.

Die Sehn-Sucht dient uns als Signalgeber und Mutmacher. Die Sehn-Suche ist Wegbegleiter und Vollender, sie kann uns ins Innehalten und in die Aktivität führen. Ich bin heute – genauso alt wie meine Mutter, als sie nach Südspanien gezogen ist – überzeugter denn je, dass die Sehn-Suche der einzige verlässliche Reiseführer auf dem Weg zu einem Traum ist.

Nichts kann uns so gut durch Verführung, Größenwahn und Frustration, Verwirrung und Resignation geleiten und uns zu unseren authentischen Zielen führen. Die Sehn-Suche ist der berühmte Ariadnefaden, also der rote Faden, der Sie durch die Höhle der Verzagtheit und die Möglichkeit der tausend Wege ans Ziel Ihrer Sehnsucht führt. Die moderne Version: Die Sehn-Suche ist unser Navi, das uns zielsicher an allen Abzweigungen vorbei zu unserem Traum führt: »Der Sehnsucht lange folgen.«

Dabei sind Umwege durchaus häufig und gar nicht schlimm. Wenn Sie einen gewissen Perfektionismus in Ihrer Lebensplanung anstreben, kann ich nur raten: Haben Sie keine Angst, Fehler zu machen, sich »falsch« zu entscheiden. Es gibt keine Blaupause des Lebens, die Sie exakt auf Ihr Leben übertragen können. Folgen Sie Ihrer Sehnsucht. Dann straft Sie am Ende Ihres Lebens nicht die Reue: »Hätte ich doch …!«

Wussten Sie, dass die Sehn-Sucht viele hilfreiche Schwestern und Brüder hat, die sie alle mit ins Team holt, wenn der Weg zum Ziel ernsthaft angepeilt wird?

- Zuversicht lässt Sie optimistisch Schritt für Schritt machen, in der Gewissheit, dass sich Ihr Ziel lohnt.
- Hoffnung lässt Sie durchhalten, wenn es Rückschläge gibt,

wenn äußere Barrieren den Weg erschweren oder innere Barrieren den Blick versperren. Hoffnung macht aktiv.

- Begeisterung gibt Ihnen die Kraft, den neuen Weg zu gehen, Altes loszulassen, Mühen auf sich zu nehmen und Unterstützer zu finden.
- Mut befähigt Sie, die Komfortzone zu verlassen und sich aufzumachen in die Risikozone, in der die Chancen wohnen und in der allein persönliche Entwicklung stattfindet.

Davon wird Ihnen Christine Hamester-Koch, Bäuerin, Bauernhofpädagogin, Coach und Mutter von vier Kindern erzählen. Sie brauchte ein sehr starkes inneres Team, als sie von ihrem Traum gezwungen wurde (ja, so kann man es sagen!), ihn endlich zu verwirklichen. Viermal hatte sie klar »Nein« zu ihm gesagt, am Ende gab sie sich geschlagen: Sie kaufte ein Seminarhotel mit zehn Hektar Land, eigenem Wald, eigenem See und eigenem Hochseilgarten. Ihr inneres Team und wunderbare äußere Helfer wollten, dass sie sich in das Abenteuer ihres Lebens stürzt, in ihre »Akademie für Natur und Business« im Osten der Lüneburger Heide (mehr darüber im Kapitel »Traumparadies sucht Besitzerin«).

Sie werden in diesem Buch auch immer wieder Beispiele aus meinem Leben lesen, es sind meine persönlichen Beispiele dafür, wie uns eigene Lernerfahrungen auf Ideen bringen können. Meine Erlebnisse sind meist mit Erkenntnissen verbunden, die ich weitergeben möchte. Ich glaube ganz fest daran, dass vor allem Erkenntnisse uns helfen, etwas zu verändern, etwas anzufangen oder zu lassen. Außerdem habe ich die Erfahrung gemacht: Wenn ich mich öffne, fällt es den LeserInnen leichter, sich zu öffnen, mit anderen Menschen über ihre Ideen, ihre Vorstellungen vom Leben, von ihren Träumen zu reden. Und ich weiß, wie hilfreich das sein kann.

Noch ein Gedanke vorweg: Lassen Sie sich von niemandem einreden, dass Sie unbedingt einen Traum, eine Vision haben *müssen*. Es gibt genügend Menschen, die ganz gut ohne sie auskommen. Sie können es mit Altkanzler Helmut Schmidt halten, der einmal gesagt hat: »Wer Visionen hat, sollte zum Arzt gehen«.

Ich halte es da aber lieber mit dem Philosophen Professor Wilhelm Schmid, der schreibt: »Dem konkreten Wünschen, Begehren, Wollen geht das Sehnen voraus und leitet das Suchen an, das in der Sehnsucht mitschwingt. Zielsicher spürt das Sehnen den freien Raum auf, in dem Leben und noch ein anderes Leben möglich erscheint, das größere Fülle, mehr Glück, vollkommenere Schönheit, tieferen Sinn verspricht als der begrenzte Moment, in dem Enge und Mangel empfunden werden.« (*Psychologie heute*, Heft 3/2007)

Jedem Erfolg geht Sehnsucht voraus

Ganz sicher wäre unsere Welt eine andere, wenn Menschen nicht immer schon von der Sehn-Sucht getrieben worden wären und ihre Träume in Form von Erfindungen oder Abenteuern verwirklicht hätten. Hätten Gottfried Daimler und Carl Benz nicht gleichzeitig davon geträumt, den motorgetriebenen Wagen zu entwickeln, würden wir heute noch mit Pferdekutschen fahren. Nein, würden wir natürlich nicht, weil sich innovative Ideen immer durchsetzen. Es hätte vielleicht nur ein paar Jahre länger gedauert, bis ein vergleichbares Gefährt auf den Straßen unterwegs gewesen wäre.

Da Sie sich für dieses Buch interessieren, vermute ich, dass in Ihnen eine sanfte Sehn-Sucht schlummert (oder sogar schon heftig pocht) und dass Sie schon neugierig darauf sind, wie das so geht mit dem Träume-Verwirklichen. Ich nehme an, dass Sie Zukunftsbilder in sich tragen, die Sie anziehen, aber vielleicht sogar stressen, weil Sie sich von ihnen überfordert fühlen. Ihnen möchte ich Zuversicht und Handwerkszeug für Ihre Sehn-Suche vermitteln.

Doch auch, wenn Sie längst Ihre Träume verwirklichen oder verwirklicht haben, hoffe ich, dass Sie Freude an diesem Buch haben werden, sich bestätigt und bestärkt fühlen. Und vielleicht können Sie nach dem Lesen anderen Menschen bei der Umsetzung ihrer Träume eine noch bessere Mentorin, ein noch besserer Mentor sein.

Die Lizenz zum Träumen

Denken ist die Arbeit des Intellekts,
Träumen sein Vergnügen.

Victor Hugo

Wir sitzen mit Freunden zusammen. Eine Freundin erzählt fröhlich, dass sie ein Wunschbüchlein habe. Dort habe sie alle Wünsche notiert, die sie hat. Mehr als 50 große und kleine Lebensträume habe sie dort gesammelt: vom Wunsch, einmal beim Neujahrskonzert der Wiener Philharmoniker dabei zu sein, bis zum Traum, für ein Jahr in einem Kinderheim in Südamerika zu arbeiten. Hinter jedem erfüllten Traum macht sie ein Häkchen. »Es gibt aber noch genügend«, lacht sie.

Alle am Tisch tauschen sich daraufhin lebhaft über ihre Wünsche aus. Nur ein Freund, Mitte 40, bleibt ganz still. Als ich ihn frage, was denn seine Träume seien, überlegt er mit nach innen gekehrtem Blick und sagt dann: »Ich habe mir noch nie einen Wunsch aufgeschrieben. Ich halte es für vermessen, solche Wünsche zu äußern. Ich kann doch froh sein, dass ich gesund bin und eine gute Arbeit habe.

Wie ist es mit Ihnen? Waren Sie als Kind zögerlich mit Wünschen? Oder haben Sie sich das Blaue vom Himmel gewünscht? Waren Sie (zumindest äußerlich) zufrieden mit dem, was Sie bekommen haben, oder waren Sie ein anspruchsvolles Kind mit Ihren Träumen? Die Wahrscheinlichkeit ist übrigens groß, dass Sie heute als Erwachsener ähnlich ticken.

Die Löffel-Liste

Haben Sie – wie viele Menschen – so eine heimliche Liste im Kopf, die Sie umsetzen wollen, wenn …? Seien Sie ehrlich mit sich selbst, schreiben Sie doch einmal all die Dinge, die Ihnen in den Sinn kommen, auf eine »Löffel-Liste«. So nennt man eine Liste von Dingen – bitte nicht erschrecken –, die man noch erleben möchte, bevor man den »Löffel abgibt«. Der Hollywood-Film *Das Beste kommt zum Schluss* zeigt auf eine vergnüglich-anrührende Art, wie zwei alte Männer (Morgan Freeman und Jack Nicholson) sich bemühen – und es weitgehend schaffen, ihre Löffel-Listen noch »abzuarbeiten«.

Träume sind nicht vermessen! Wir dürfen träumen, wir dürfen Wünsche haben! Das zeichnet uns als Menschen auch aus, dass wir eine Vorstellung von der Zukunft haben und gestaltend eingreifen. Sie dürfen große Wünsche ans Leben haben – »Think Big«, wie die Amerikaner sagen. Ja, Sie dürfen Erfolg, Liebe und – wenn es wirklich Ihr Ziel ist – einen Stern auf dem Hollywood Walk of Fame erträumen. Hallo, wer sollte Ihnen das verbieten?

Es gibt keine Wunsch-Polizei, die Sie stoppt: »Halt, stehen bleiben! Sie haben einen zu großen Traum geträumt, das ist verboten. Her mit dem Wunsch, er ist konfisziert.« Im Gegenteil: Ja, Sie dürfen jeden großen oder kleinen Lebenswunsch haben (er sollte nur möglichst nicht mit dem Bürgerlichen Gesetzbuch oder dem Völkerrecht kollidieren), also werfen Sie Ihre eigene fantasievolle Traumfabrik an:

- Sie dürfen sich die schönste Frau oder den heißesten Mann der Welt an Ihrer Seite wünschen. Warum nicht? Nur weil Sie schon einige Beziehungen in den Sand gesetzt haben? Ja und?
- Sie dürfen sich Anerkennung und beruflichen Erfolg wünschen, eine Beförderung und eine Gehaltserhöhung.
- Sie dürfen sich den Super-Eisbecher mit 15 Kugeln erträumen – und sogar bestellen. Wer sollte Sie davon abhalten – die Eisdielen-Cops?
- Sie dürfen auf Frieden in der Welt hoffen. Auch wenn Sie mit Ihrem Engagement nur ein winziges Puzzleteil liefern können. Aber Sie tun wenigstens etwas.
- Sie dürfen sich wünschen, wie George Clooney oder Barbara Schöneberger auszusehen (Sie sollten sich dabei überlegen, ob Sie selbst etwas dafür tun können oder ob Sie dafür neu geboren werden müssten).
- Sie dürfen sich Gelassenheit wünschen. Sie sind der ungeduldigste Mensch, der es nicht einmal aushält, wenn nach dem Schleudergang die Waschmaschine nicht gleich aufgeht? Na, dann erst recht.
- Sie dürfen sich ein aufregendes Leben wünschen. Wild und unersättlich.
- Sie dürfen sich den Megaerfolg als UnternehmerIn wünschen.
- Sie dürfen sich fünf Kinder wünschen oder ein einziges oder keins. Es ist Ihr Wunsch! Es ist Ihr Leben.
- Sie dürfen vom Nobelpreis träumen, vom Bundesverdienstkreuz oder vom silbernen Sportabzeichen.
- Sie dürfen sich wünschen, dass Ihr Partner Sie besser versteht. Sie wissen eh, dass nur Sie etwas dafür tun können.
- Sie dürfen sich Respekt von Ihrem Chef wünschen und müssen nicht unbegrenzt Überstunden machen. Die Leib-

eigenschaft ist in den deutschen Gebieten bereits Ende des 18. / Anfang des 19. Jahrhunderts abgeschafft worden. In Österreich im Jahr 1781. Im Königreich Hannover (meiner Heimat) übrigens erst 1833.

Träume sind die große Erlaubnis an Ihre Vorstellung vom Leben. Oder wie Mark Twain geschrieben hat: »Trenne dich nie von deinen Illusionen und Träumen. Wenn sie verschwunden sind, wirst du weiter existieren, aber aufgehört haben zu leben.«

Des Menschen Wille ist sein Himmelreich

Ich habe vor einigen Jahren ein kleines Wunder erlebt. Ich durfte bei der Taufe eines kleinen Mädchens dabei sein, Emma. Mehr als zehn Jahre hatten ihre Eltern sich bemüht, ein Kind zu bekommen. Viel Hoffnung, viel Enttäuschung. Die medizinische Kunst wurde in Anspruch genommen. Die Zeit war nicht immer leicht für das Paar. Einige Bekannte schüttelten den Kopf. Einige dachten vielleicht: »Warum können Menschen ihr Schicksal nicht einfach annehmen? Niemand hat ein Anrecht auf ein Kind.« Einige stimmten vielleicht stumm zu.

Ich machte mir auch Gedanken darüber: Stimmt das? Ist diese Einstellung vernünftig oder ist sie zynisch? Was soll man der Frau und dem Mann sagen, die nicht bereit sind zu akzeptieren, dass sie vielleicht niemals ein Kind haben werden? Es lässt sich beim Wort »Schicksal annehmen« leicht nicken, wenn man selber Kinder hat. Ich verstand die Sehnsucht nach einem Kind und hoffte und bangte mit den Eltern. Ich drückte die Daumen. Tröstete, wenn es wieder einmal eine Enttäuschung gab.

Und dann wurde dieses zauberhafte Mädchen geboren. Ich

konnte mich nicht sattsehen an diesem kleinen Wunder-Kind. Und seine Eltern leuchteten von innen. Wer wollte in diesem Moment bezweifeln, dass es nicht alle Mühen wert gewesen war, alle Plage und alle schlaflosen Nächte, damit dieses kleine Geschöpf geboren werden konnte? »Es ist, was es ist, sagt die Liebe«, so der Dichter Erich Fried.

Was hat diese Geschichte mit Sehnsucht und Träumen zu tun? Hat sie überhaupt etwas damit zu tun? Ich glaube, ja. Nicht das, was *wir* für richtig halten, ist für Menschen wichtig, sondern das, wonach *sie* sich sehnen. »Des Menschen Wille ist sein Himmelreich«, heißt es in der Bibel. Und niemand darf sich über den Wunsch von Menschen erheben oder sich anmaßen, besser zu wissen, was für jemanden gut ist.

Jeder Coach kennt das: Im Gespräch helfen wir Menschen, Klarheit über ihre Situation zu bekommen, Perspektiven zu entwickeln, Konsequenzen zu betrachten und Lösungen für ihre Wünsche zu finden. Aber wir maßen uns nicht an, die »wirklichen« Gründe herauskitzeln zu wollen: »Was steckt wirklich dahinter, dass Sie erfolgreich werden wollen? Haben Sie vielleicht ein Selbstwertproblem …?« Stopp! Coaches sind Dienstleister für Lösungsfindung, keine Bohrtrupps im Unbewussten. Und schon gar keine Besserwisser. Deswegen muss alle Aufmerksamkeit auf den Menschen zielen, was er sagt, wie er guckt, wie er reagiert, wann die Augen leuchten … Taktgeber sind immer die Klienten. Ihr Wunsch ist der Auftrag. Ihr Handeln der Maßstab.

Wir Coaches stehen Menschen bei, die mit einer Sehnsucht »schwanger gehen«, die ihren Lebenswunsch erkennen, formulieren können und in Handlungsstrategien einfließen lassen wollen. Wir sind lediglich Geburtshelfer für Wünsche, wie es der griechische Philosoph Sokrates beschrieben hat. Sokrates soll hilfreiches Fragen »Mäeutik«, auf Deutsch »Hebammenkunst«, genannt haben. Dabei geht es darum, die richtigen Fragen zu stellen, zuzuhören und den anderen zu eigener Einsicht zu geleiten, ihm also zu helfen, Ideen zu »gebären«. Der Philosoph kannte sich aus – seine Mutter war Hebamme von Beruf. Und da schließt sich der Kreis vom »sokratischen Dialog« zur Freude über die kleine Emma.

Sie sehen, die Sehnsucht nach erfüllten Träumen ist keine Erfindung des 21. Jahrhunderts. Erinnern Sie sich an dieses deutsche Volkslied aus dem 18. Jahrhundert (!)? Das haben Sie vielleicht auch in der Schule gesungen:

Die Gedanken sind frei,
wer kann sie erraten.
Sie fliehen vorbei
wie nächtliche Schatten.
Kein Mensch kann sie wissen,
kein Jäger erschießen.
Es bleibet dabei,
die Gedanken sind frei!
…
Mein Wunsch und Begehren,
kann niemand verwehren.
Es bleibet dabei,
die Gedanken sind frei!

Das Lied sollte den Menschen Mut geben, ihre Vorstellungen vom Leben durchzusetzen. »Mein Wunsch und Begehren kann niemand verwehren« – ein wunderschöner Satz, der heute noch genauso aktuell ist. Und der an kein Alter gebunden ist. In mein Coaching kommen immer mehr Frauen über 60, die meine Ratgeber-Kolumne in der Zeitschrift DONNA gelesen haben. Gebildete Frauen, die ihr Leben weitgehend ihrem Ehemann und ihren Kindern gewidmet haben und jetzt eine Leere fühlen, die sie mit ihren geheimen Wünschen füllen wollen. Natürlich kann ich hier nichts von den einzelnen Coachings erzählen, diese sind streng vertraulich. Ich kann Ihnen aber an einem konstruierten Beispiel zeigen, mit welcher Übung alle fröhlich und zuversichtlich aus den Coachings hinausgehen.

Gerlinde, so wollen wir sie nennen, ist 64 und hat zu Beginn ihrer Ehe ihre akademische Laufbahn für ihre Familie aufgegeben. Ihr Mann, ein Unternehmer, spricht wenig und interessierte sich nicht mehr für sie, wie sie sagt. Sie braucht einen Mutmacher, da sie »in einer Krise als Frau, Hausfrau, Mutter und Oma« sei. Sie wolle die letzten Jahre ihres Lebens nicht auch noch »versauern«, sondern »einen reichen Schluss« erleben. Ihre Coaching-Ziele: sich intellektuell beschäftigen, interessante Menschen kennenlernen, Zufriedenheit und Anerkennung.

»Ich habe ein geringes Selbstwertgefühl«, erklärt Gerlinde gleich am Anfang des Coachings. »Ich füge mich den Wünschen anderer und vergesse oft meine eigenen. Vor allem mein Vater hat mir eingebläut, nicht egoistisch zu sein, sondern meine Wünsche zurückzustellen.« Ihre Erwartung an das Coaching: »Mein Leben soll erfüllt sein, sonst hätte mein Vater gewonnen.« Sie hat den starken Wunsch, dass sich das Leben jetzt mal nach ihren Vorstellungen richten soll. Und wir arbeiten vor allem an ihrem »Selbstbewertungs-Gefühl«.

Ich schreibe auf einen großen Bogen Papier die Überschrift »Gerlindes Unabhängigkeitserklärung« und male darunter ein halbes Dutzend Paragrafenzeichen. Sie schaut mich verwirrt an und fragt: »Was heißt das?« Ich erkläre ihr, dass wir jetzt einmal alles aufschreiben, was sie sich für ihr künftiges Leben wünscht. Sie versteht, ihre Augen blitzen auf. Ich schreibe, was sie mir diktiert:

§1: Bei allem, was ich zukünftig tue, werde ich mich zuerst fragen, was will ich!

§2: Ich werde gnadenlos ehrlich mit mir sein!

§3: Klare Grenzen setzen, für mich und andere!

§4: Mehr Kontakt mit Menschen haben, die mir guttun, die unterstützend wirken und Kontakt mit mir haben wollen.

§5: Tätig werden und mich nicht von Angst hemmen lassen!

§6: Höhenflüge und Fantasie zulassen und nicht gleich verwerfen.

§7: Unabhängig, frei sein und Genießen lernen!

§8: Ich habe das Recht auf Bildung, Weiterbildung und ein Recht auf ein erfülltes Leben.

§9: Niemand darf mich daran hindern.

Während sie spricht, richtet sich Gerlinde immer mehr auf, sitzt bald pfeilgerade da. Sie schaut sinnend und zunehmend fröhlich aus dem Fenster, während sie ihre Wünsche formuliert. Sie gewinnt Freude daran, mir zu diktieren. Bei jedem Paragrafen wird ihre Stimme klarer und bestimmter. Ich lasse sie am Schluss ihre Unabhängigkeitserklärung unterschreiben und »beurkunde« sie mit meiner Unterschrift. Dann liest sie selbst die Punkte noch einmal vor, bei jedem nickt sie. Abschließend sagt sie sehr bestimmt: »Jetzt ist Schluss mit Schuldgefühlen. Jetzt beginnt meine Traumdekade.« Mein Herz hüpft mit.

Wir erarbeiten anschließend noch konkrete Perspektiven, was sie als sinnvolle Aufgaben in der Gesellschaft ansieht, welche Fähigkeiten sie einbringt, mit wem sie zusammenarbeiten möchte und was sie noch lernen will. Wir schreiben Strategien auf, wie sie ihre Wünsche umsetzen kann, und sie geht strahlend mit einer To-do-Liste nach Hause.

Die Sehnsucht der Menschen
sind Pfeile aus Licht

Ich denke einmal mehr an die indianische Weisheit, die an meinem Whiteboard hängt:

Die Sehnsucht der Menschen sind Pfeile aus Licht. Sie können Träume erkunden, das Land der Seele besuchen, Krankheit heilen, Angst verscheuchen und Sonnen erschaffen.

Ich erlebe diese »prickelnde Scheu, das Schicksal herauszufordern«, wie eine Klientin einmal sagte, immer wieder als einen hochbeglückenden Moment. Wenn Menschen sich entscheiden, ihre Träume ernst zu nehmen und aktiv zu werden, lichtet sich der Nebel, und helle, warme Sonnenstrahlen brechen durch die Wolken.

1993, am Anfang meiner Arbeit als Coach, habe ich mich immer wieder dabei ertappt, skeptisch zu reagieren, wenn mir Menschen von ihren Träumen erzählt haben. Aber dann begann ich mich zu fragen: Steht es mir zu, einzuschätzen ob der Wunsch realistisch ist oder nicht? Wie komme ich dazu, zu beurteilen, ob jemand das erreichen kann, was er sich vornimmt? Und was ist schlimm am Naivsein? Bei Kindern nennt man Naivität oft »Unverfälschtheit« oder »Unschuld«. Schade, dass Erwachsenen diese wunderbare Eigenschaft meist als negativ angekreidet wird.

In eine solche Situation geriet ich noch einmal vor wenigen Monaten, als ich quasi durch Zufall von einem großen Lebenstraum hörte. »Schuld« war die Bahngewerkschaft, die streikte. Und ich musste dringend nach einem Termin in Frankfurt nach Köln. Leihwagen waren nicht mehr zu bekommen. Zum Trampen bin ich ein bisschen zu alt. Ich kam auf die Idee, einfach einmal Facebook zu testen: Würde sich dort einer meiner knapp 5000 Kontakte als hilfreich erweisen? Ich postete: »Ich muss morgen von Frankfurt nach Köln. Wer von euch könnte mich mitnehmen?« Zwei Minuten später hatte ich eine Antwort. Eine Bekannte bot mir ihren Freund als Fahrer an. Der »Preis« dafür: ein Coaching mit ihm, während er mich nach Köln fährt. Er träumt davon, Mentalcoach für Rennfahrer zu werden. Und er würde gern mit mir eine Strategie entwickeln.

Phhh, ich schnaufte einmal kurz durch. Interessanter Wunsch. Dann nahm ich das Angebot an. Jörg Becker holte mich pünktlich am vereinbarten Treffpunkt in Frankfurt ab und wir hatten ein intensives Coaching während der sehr angenehmen Fahrt (er fährt nicht so schnell wie ein Rennfahrer, aber so sicher).

Natürlich ist ein Coaching streng vertraulich. Deshalb habe ich ihn noch einmal ganz offiziell am Nürburgring für dieses Buch interviewt, daraus kann ich wohlgemut zitieren. Ich dachte, es ist doch für uns alle spannend zu erfahren: Wie kommt jemand auf eine solch eher ungewöhnliche Idee? Welche Sehnsucht steckt dahinter? Und wie will er vorgehen?

Wir treffen uns zum Interview im Museum der Rennfahrstrecke, denn auf dem Ring läuft das Training zu einem Rennen, und der Lärm würde ein Gespräch unmöglich machen.

Wie so oft entstand der Traum in der Kindheit. Jörg Becker ist heute Mitte 40. Als kleiner Junge, mit fünf, sechs Jahren, war er schon mit seinem Vater regelmäßig zu Rennen an den alten Nürburgring gegangen. Die Familie wohnte nur 20 Minuten vom Ring entfernt. Vater und Sohn zelteten zwei Tage an der Nordschleife. Er erinnert sich, wie er damals während der Rennen auf der Tribüne saß:

▶ »Ich liebte das Dröhnen der Motoren, die schnellen Flitzer, die Spannung, die ganze Atmosphäre. Dazu der Geruch nach verbranntem Öl. Diese Eindrücke liefen durch meinen ganzen Körper. Und heute ist es nicht viel anders.«

Nach der Schule lernte Jörg »natürlich« Automechaniker und hatte so immer wieder mit den Rennen zu tun. Er selbst liebte auch schnelles Autofahren. Bis zu einem schweren Autounfall 1994, als er mit seinem Wagen unter einen LKW krachte, der aus einer Ausfahrt kam. Beim Unfall wurde sein Gesicht schwer verletzt. Seine Wirbelsäule war zweimal gebrochen. In zahllosen Operationen haben die Ärzte ihn wieder zusammengeflickt, allein im Gesicht mit 45 Schrauben.

Und trotzdem wünscht er sich, mit Rennfahrern zu arbeiten?

»Die Rennfahrer kennen das Risiko. Sie brauchen das auch. Sie spielen nicht mit ihrem Leben, die Sicherheitsvorkehrungen werden immer stärker. Aber sie sind natürlich immer im Grenzbereich unterwegs.«

Mit 26 ging Jörg für fast 20 Jahre nach Amerika, wo er als Unternehmer in der IT-Branche berufliche Superhöhen und einen tiefen Fall erlebte. Alles gewonnen und alles verloren, wie er selber sagt.

»In Amerika werden Träume wirklich gelebt. Man hat einen großen Traum und setzt sich dahinter. Man bekommt auch vom Freundeskreis viel Unterstützung. Da gibt es nicht so viel negatives Feedback wie hier in Europa, wie: ›Das schaffst du sowieso nicht.‹ Da ist Begeisterung und go, go, go! Das bringt das Ziel wesentlich näher. Und dann funktioniert das auch.«

Als Jörg vor einem Jahr nach Deutschland zurückkam, zog er wieder an den Nürburgring. Seither arbeitet er in der Streckensicherung, um möglichst wieder hautnah an den Motorsport heranzukommen.

»Das fühlt sich super an, an der Strecke zu sein, mit den Rennfahrern zusammen zu sein und an meinem Traumberuf zu arbeiten. Das ist doch das Faszinierende am Motorrennsport, dass ein Mensch eine lange Zeit höchste Konzentration aufbringen muss. Der Rennfahrer kann keine Sekunde Pause machen, muss 100 Prozent da sein, darf nichts anderes im Kopf haben. Und derjenige, der so frei im Kopf ist, der hat die Chance zu gewinnen.«

Klingt wirklich faszinierend. Trotzdem stellte ich mir die Frage: Wie ist er auf die Idee gekommen, Formel-1-Rennfahrer zu coachen?

»Ich hatte schon in den USA die Vorstellung, Coach zu werden. Ich wollte immer schon Menschen helfen, ein besseres Leben zu führen. Aber als ich wieder am Nürburgring stand, war plötzlich klar, ich möchte Sport-Mentalcoach werden und mit Rennfahrern arbeiten. Ich habe einen klaren Zeitplan, wie ich meinen Traum umsetzen werde. Ich versuche, noch in diesem Jahr meinen ersten Fahrer zu coachen, natürlich noch nicht aus der Formel 1. Du brauchst einen Zeitplan. Sonst läuft dir die Zeit davon. Ich rechne damit, in fünf Jahren in der höchsten Stufe, bei der Formel 1, angekommen zu sein.«

Ich bin beeindruckt. Klare Vorstellungen hat dieser Mann. Und wer wollte ihm das absprechen? Welche Karrieren haben wir schon erlebt! Vom Garagenfreak zum reichsten Unternehmer der Welt. Von der arbeitslosen Lehrerin zur Bestsellerautorin. Vom Klingelton-Erfinder zum Multimillionär. Von der FDJ-Kulturbeauftragten zur Bundeskanzlerin. Keinem dieser Menschen hat eine Fee an der Wiege von ihrem Lebenserfolg gesungen.

Jörg Becker steht ganz entspannt zwischen den Rennwagen und lacht:

»Wenn mir jemand sagt, ich spinne, dann bleibe ich ganz cool. Das ist eher deren Problem als meins. Ich weiß, dass ich das kann und dass ich das machen werde. Und ich weiß auch, dass ich erst einmal beweisen muss, dass ich etwas bewirken kann.« Jörg bekommt leuchtende Augen. »Mit dem Rosberg würde ich gerne arbeiten. Ich sehe, da fehlt ein bisschen was.

Und ich glaube, das bekäme ich hin. Ich bin sicher, er kann die Nummer eins werden.«

Puh. Ich bin wohl doch deutscher, als ich dachte. Ich kann meine Skepsis nicht verbergen. Gibt es nicht schon Mentaltrainer, die sich um die Rennfahrer kümmern? Jörg lässt sich davon nicht verunsichern.

»Natürlich gibt es die. Bei mir ist der Unterschied, dass ich die Fahrer mit meinen Methoden noch tiefer freischalten werde und die zwei Prozent noch mehr drauflege, die für den Erfolg entscheidend sein können. Wichtig ist auch meine Erfahrung mit dem Scheitern. Denn damit muss der Rennfahrer auch gut umgehen können. Ich kann meine Erfahrung einbringen, wie man aus einer schlechten Situation wieder ganz nach vorne kommen kann.«

Wie das funktioniert, verrät Jörg nicht. Aber er ist absolut sicher, dass er Rennfahrern helfen kann. Er ist mit seinem Traum nicht allein. Er hat eine Freundin, die fest zu ihm steht und ihn ermutigt.

Wie um meine Zweifel zu zerstreuen, erzählt er, dass er oft genug beobachtet hat, welchen Konzentrationsstörungen die Fahrer vor dem Rennen ausgesetzt sind:

»Vor dem Rennen ist viel los in der Boxengasse: In einem Moment hat er das Mikrofon von einem Fernsehsender vor dem Gesicht und soll ein Interview geben. Er hat noch Themen von zu Hause im Kopf, mit der Freundin oder mit der Familie. Dann kommt der Teamchef vorbei und sagt ihm etwas. Zur gleichen Zeit muss er sich auf den Rennbeginn einstellen. Dann muss er sich freundlich mit Sponsoren unterhalten oder sich mit ihnen fotografieren lassen. Man sieht, ob ein Rennfahrer bereit für den Erfolg ist: Strahlt er Ruhe aus oder springen die Augen hin und her? Ist sein Puls niedrig, ist die Atmung normal?«

Jörg ist sicher, dass der Rennfahrer seine Leistung mit mentalen Übungen noch besser abrufen kann:

»Das Rennen wird im Kopf gewonnen. Deshalb lasse ich mich gerade von erfahrenen Trainern ausbilden, die selbst mit Hochleistungssportlern gearbeitet haben. Also, ich mache viele Ausbildungen, um zu lernen. Außerdem arbeite ich an meinem Netzwerk, suche Kontakt zu wichtigen Menschen in der Motorsportszene. Und da bahnt sich auch schon etwas an.«

Hat er sich überlegt, was er macht, wenn er scheitern würde?

»Nein, ich bin absolut überzeugt, dass ich es schaffen werde.«

Jörg ist ein ernsthafter, sympathischer Mann, kein Angeber. Deshalb wünsche ich ihm von Herzen, dass sein Traum in Erfüllung gehen wird.

Ganz zum Schluss: Was rät Jörg Menschen, die sich wie er aufmachen, ihren Traum zu verwirklichen?

- Wenn sich dir die Möglichkeit bietet, deinen Traum zu leben, nutze sie.
- Du bist nie zu alt dafür. Man kann immer etwas tun, um Spaß zu haben. Die Zeit ist so kostbar, also überlege: Was macht dir Freude? Wem kannst du helfen? Was willst du noch sehen, was erleben? Was willst du noch tun?
- Wenn du weißt, was du willst, dann kommt die Lösung, dann öffnen sich Türen.
- Umgib dich mit Menschen, die dich achten und hinter dir stehen.

Wenn Träume
zu Visionen werden

»Wer rückwärts blickt, gibt sich verloren;
wer lebt und leben will, muss vorwärts sehen!«

Ricarda Huch

Fällt es einigen Menschen schon schwer, an ihre Träume heranzukommen, scheint es umso schwieriger, das Wort »Vision«
zu definieren. Vision – ein großes Wort. Und damit sind wir
schon bei der besonderen Bedeutung: Wer eine Vision hat,
denkt groß, über Grenzen hinaus – Denkgrenzen, Ländergren-
zen, Handlungsgrenzen. Mit einer Vision erreichen wir eine
weitere, eine nicht egoistische Dimension der Sehnsucht –
eine, die Menschen weniger an sich selbst denken lässt als an
andere Menschen, zum Beispiel an lebenswerte Gesellschaften,
zum Beispiel an eine friedliche Welt. Bevor ich eine philoso-
phische Definition wage, lassen Sie mich eine kleine Geschichte
erzählen, die ich jüngst erlebt habe:
Ich habe mir gerade »den Kopf waschen lassen«. Ich war im
Hamam, also einem Badehaus, in dem ein Bademeister mit Un-
mengen an Seife und viel Wasser alles Schlechte aus einem
hinausschrubbt. Während der abschließenden kraftvollen Kopf-
massage, die störende Gedanken löschen und Frische im Kopf
erzeugen soll, als der Hamam-Meister murmelte: »Lassen Sie
alle Gedanken los«, hatte ich eine Vision: Ich sah die Bühne
eines großen Konzertsaals, auf der Redner, Schauspieler und

Musiker einen Abend lang vor einem großen Publikum Plädoyers für Menschlichkeit hielten.

Dieser Traum von Menschlichkeit und Friedfertigkeit treibt mich seit Langem an. Ja, ich möchte einen Fußabdruck auf dieser Erde hinterlassen. Ich möchte kein stiller Mitläufer sein, der sagt, da konnte man ja nichts machen. Diesen Satz habe ich als Kind viel zu oft von Eltern, Onkeln, Tanten und Großeltern gehört, als es um die Nazizeit ging.

Mich haben mein Leben lang Menschen begeistert, denen das Ganze wichtiger war als das kleine eigene Leben. Für mein allererstes Buch, das ich vor 34 Jahren herausgegeben habe, habe ich Widerstandskämpfer gegen die Naziherrschaft aus der Arbeiterbewegung interviewt, die mein Menschenbild wieder geraderückten, weil sie sagten: »Ich konnte nicht anders, ich musste etwas tun.« Solche Menschen gab es damals eben auch, die ihr Leben für ihre Überzeugung riskiert haben (und oftmals auch verloren haben). Schon immer habe ich Bücher und Biografien von mutigen Kämpfern lieber gelesen als die von Filmstars: Mahatma Gandhi, Steve Biko, Martin Luther King, Erich Fromm, Viktor E. Frankl, Hannah Arendt, Nelson Mandela.

Vision oder gar das Wort »Utopie« ist deshalb für mich kein Schimpfwort, sondern ein großes Versprechen. Oder, wie Erich Fromm geschrieben hat: »Wenn das Leben keine Vision hat, nach der man strebt, nach der man sich sehnt, die man verwirklichen möchte, dann gibt es auch kein Motiv, sich anzustrengen (…). Die Vitalität selbst ist das Resultat einer Vision. Wenn es keine Vision mehr gibt (…), dann reduziert sich die Vitalität, und der Mensch wird lebensschwächer.« (www.zitate.de)

Visionen:
Der Gang auf dem Regenbogen

Ich möchte erst einmal definieren, wo ich den Unterschied zwischen Traum, Vision und Utopie setze. Klassische Definitionen finden Sie en masse in Wikipedia. Diese möchte ich hier nicht zitieren, die können Sie selbst nachlesen. Ich möchte für dieses Buch die Unterschiede herausarbeiten, was die drei Begriffe mit dem Thema »Sehnsucht« zu tun haben.

Fangen wir mit dem *Traum* an. Ein Traum, auch ein Lebenstraum, ist einem konkreten Bild vergleichbar. Der Traum hat wie ein Hochglanzfoto aus dem Familienalbum (oder aus den Schuhkartons, die millionenfach in Wohnzimmerschränken einstauben) einen deutlichen Inhalt: die Reise nach Hawaii; der Einzug ins eigene Haus; die Abschlussprüfung; die Hochzeit; der Aufstieg zum Abteilungsleiter; die Geburt eines Kindes; der erste Tag als Selbstständige; Auszug von zu Hause; der erste eigene Wagen … Der Traum hat also in der Regel einen konkreten Abschluss. Was zur Folge hat, dass eine Sehnsucht, die befriedigt ist, bald eine andere nach sich zieht. »Paris war toll, Singapur wär doch mal ein Ziel …« »Selbstständigkeit ist erreicht, aber ich bräuchte auch mal wieder mehr Zeit für mich …« Träume scheint es zu geben wie ein Bündel bunter Luftballons auf dem Oktoberfest. Wenn du einen Ballon steigen lässt, reicht die Zufriedenheitsspanne eine gewisse Zeit. Danach steigt der nächste Sehnsuchts-Ballon auf.

Eine *Vision* dagegen, um beim Fotovergleich zu bleiben, ist wie eine Panorama-Aufnahme. Kennen Sie diese unglaublichen Bilder, die einen schier unendlichen Weitwinkel zeigen: Berge, Täler, Plätze, Meer …? Sie zeigen das ganze Rundherum – und so stelle ich mir die Funktion der Vision vor. Die Vision ist die Vorstellung von der Weite eines erfüllten Lebens, nicht nur unseres eigenen Lebens, sondern auch das der Welt um uns herum. Die Vision beinhaltet Hoffnung in ein Leben, für das es sich zu leben lohnt, sie macht Mut, zu schaffen, sich anzustrengen und etwas zu riskieren. Die Vision ist die Vorstellung von etwas Größerem als uns selbst – oder wie die Amerikaner sagen: Larger than life.

Die Vision ist der Gang auf dem Regenbogen, der keinen Anfang und kein Ende hat, egal wie nahe wir ihm kommen. Die Vision hat mehr mit der Lebenseinstellung zu tun als mit den Lebensumständen. Sie kann ein ganzes Leben tragen, auch wenn wir nicht alles umsetzen können, was wir uns vornehmen, weil sie wie ein Leitfaden unser Handeln bestimmt. Sie ist meistens verbunden mit Liebe, Hoffnung und Zuversicht. Sie fragt weniger nach dem »Haben« als nach dem »Sein«. Wagen wir den ganz großen Vergleich: Die Vision ist das Gesamtbild des Lebens ohne Grenzen, in dem Träume die einzelnen, unendlich vielen Puzzlestücke darstellen.

Und schließlich zur *Utopie*: Wenn wir im Bildvergleich bleiben, ist sie die dreidimensionale Abbildung eines idealen Zustands. Im Gegensatz zu den zweidimensionalen Fotos, von denen ich eben gesprochen habe, kommt eine dritte Dimension dazu. Und diese dritte Ebene verbindet den Menschen mit anderen überall auf der Welt, die ebenfalls an das unmöglich Scheinende glauben. Die Utopie hat in den gängigen Definitionen immer Spötter im Gefolge. Beschreibt jemand eine Welt, in der es sich zu leben lohnt, eine Möglichkeit, einen Idealzustand, für den er sich einsetzen möchte, schallt es aus allen Ecken: »Das ist doch utopisch!« Die Idee wird also sofort als unerreichbar eingeschätzt: Gerechtigkeit in einer Gesellschaft, Ende des Hungers in der Welt, 50 Prozent Frauen in Führungspositionen, der HSV wird Deutscher Fußballmeister … Die Utopie ist die Weigerung unseres Fühlens, das Beste für unmöglich zu halten.

Welche Bilder sind in Ihrem Kopf entstanden, während Sie diese Definitionen gelesen haben, welcher innere Film ist abgelaufen? Sind Ihnen Gedanken gekommen, was Ihnen wichtig ist, wofür Sie sich schon lange viel intensiver einsetzen wollten? Sind Sie ein Träumer oder eher ein Visionär? Oder beides? Glauben Sie gar an eine Utopie?

Wenn die Antwort »ja« ist: Vielleicht würden wir alle unsere Überzeugung klarer vertreten, wenn wir wüssten, dass wir damit nicht allein sind. Vielleicht würden wir unseren eigenen Gefühlen und Gedanken noch mehr vertrauen, wenn wir erleben würden, dass in unserer Nähe Menschen leben, die genauso denken wie wir. Wir würden uns nicht länger als »Gutmenschen« diskriminieren oder als »Spinner« verunsichern lassen, sondern laut werden mit unserer Vorstellung, wie wir über Menschlichkeit und ein gelungenes Leben denken.

Visionsreise

Ich habe eine Entspannungsübung für dieses Buch entwickelt, die helfen kann, den Visionär in uns zu erkennen und zu erahnen, welches große Bild des Lebens wir in uns tragen:

Was brauchen Sie dafür? Etwa eine Stunde Ruhe und Zeit für sich, ein paar Blatt Papier und einen Stift. Lesen Sie die folgenden sieben Fragen, die Ihre Fantasie anregen können, sorgfältig durch und schreiben Sie nach jeder Frage auf, was Ihnen aus Ihrer Vorstellungskraft dazu einfällt. Und das bitte möglichst mit Hingabe …

Nun zur Übung, die ich wegen einer höheren Wirksamkeit in der Du-Form geschrieben habe:

Stell dir vor, es ist drei Jahre später, von heute an. Stell dir vor, du hättest dir einen Traum oder eine Vision erfüllt, von der du drei Jahre vorher noch gar nichts gewusst hast. Schreib auf das erste Blatt Papier das Datum von heute in drei Jahren, verinnerliche dieses Datum: Ah ja, da werde ich so und so alt sein, dann kommt meine Tochter in … dann wird mein Sohn schon … dann wird das und das schon geschehen sein …

Stell dir vor, du hast an diesem Tag in der Zukunft schon einiges von deinem Traum oder einer möglichen Vision umgesetzt. Alle sieben Fragen beziehen sich auf diesen Tag in der Zukunft:

- *1. Du sitzt auf deinem Lieblingsplatz, es geht dir gut, du schaust optimistisch in die Zukunft, wie fühlst du dich?*
- *2. Worüber freust du dich?*
- *3. Du erinnerst dich an wichtige Etappen oder Meilensteine auf deinem Weg bis hierhin. Welche waren es?*
- *4. Du denkst an wichtige Menschen, die du getroffen hast oder die dir geholfen haben.*
- *5. Wovon und/oder von wem hast du dich in den letzten drei Jahren verabschiedet? Wen oder was hast du dazugewonnen in dieser Zeit?*
- *6. Was war der schönste Tag in den letzten vier Wochen? Worauf freust du dich in den nächsten vier Wochen?*
- *7. Was sagt dein bester Freund oder deine beste Freundin über die Veränderungen in deinem Leben?*

Schreiben Sie möglichst intuitiv Gedanken auf, ohne zu werten. Achten Sie nicht auf den Stil oder auf Schreibfehler, die sind völlig unerheblich. Lassen Sie die Gedanken durch sich durch, in die Hand, in den Stift, auf das Blatt fließen.

Bitten Sie den inneren Kritiker gerade mal zu schweigen.

Wenn Sie zu allen Fragen etwas geschrieben haben, tauchen Sie aus der Entspannung wieder auf. Strecken Sie sich.

Nun können Sie sich anschauen, was Sie aus der Sicht von drei Jahren später aufgeschrieben haben. Überlegen Sie, ob irgendetwas dabei ist, das Sie interessiert, das etwas in Ihnen auslöst, das es wert ist, darüber nachzudenken.

Wenn Sie einen freundlichen Menschen um sich herum haben, mit dem Sie gemeinsam die Übung machen möchten, bitten Sie ihn ruhig, Ihnen die Fragen vorzulesen, langsam, abwartend, bis Sie jeweils aufgehört haben zu schreiben. Vereinbaren Sie, dass nicht gewitzelt wird, dass der andere sich nicht einmischt und Geduld aufbringt. Und dann können Sie gemeinsam das Ergebnis besprechen.

Den Traum von Menschlichkeit leben

Ich habe eine Vision von der Welt, in der ich leben möchte, und die ist mit dem Wort »Menschlichkeit« gut beschrieben. Ich arbeite derzeit an einem Netzwerk mit Menschen, die ähnlich denken. Aus einem Impuls heraus, unter dem Eindruck der Hetze und der Gewalt gegen Flüchtlinge, habe ich im August 2015 eine Aktion »Reden für Menschlichkeit« ins Leben gerufen. Meine Vision: Auf einer großen Bühne treten bekannte Redner auf, die sonst vor großem Publikum für Achtsamkeit, Respekt und Wertschätzung plädieren. Kollegen und Kolleginnen von mir, die als Motivationsredner Hallen füllen und für große Unternehmen auftreten. Und nach der Auftaktveranstaltung werden überall in Deutschland auf örtlichen

Events Redner und Rednerinnen die Stimme erheben für Menschlichkeit, gegen Hass und Gewalt.

Was als spontane Idee begann, wurde zu einer konkreten Initiative. Mehr als 400 Unterstützer waren nach wenigen Wochen bereit, die Aktion »Reden für Menschlichkeit« (www.reden-fuer-menschlichkeit.de) weiterzutragen. Im September 2015 haben wir innerhalb einer Woche die erste Veranstaltung organisiert: »München menschelt«. Es war ein wunderbares Erlebnis. Und für den Frühsommer 2016 planen wir eine große Veranstaltung in Berlin.

Mir hilft es in anspruchsvollen Situationen, mich daran zu erinnern, dass es immer schon Menschen gegeben hat, die ihre Angst überwunden und sich Großes zugetraut haben. Zuvor habe ich schon kurz über Carl Benz und Gottfried Daimler geschrieben. Neulich habe ich nun einen Film über Carl Benz gesehen, der – parallel zu Gottlieb Daimler – im Jahr 1885 einen motorgetriebenen Wagen entwickelt hat – das erste Automobil. Welch grandiose Idee! Aber auch wie viele Spötter, wie viele Feinde, wie viele Rückschläge, Zweifel und Opfer! Wie oft wollte er hinwerfen, der begnadete Ingenieur und Pionier, weil sich immer neue Hindernisse zwischen ihm und seinem Traum aufbauten. Aber wie stark waren auch das Vertrauen und die finanzielle Unterstützung seiner Frau Bertha. Sie hat die allererste Fahrt gemacht, die jemals mit einem Automobil gemacht wurde – von Mannheim in ihre Heimatstadt Pforzheim, weil sie ihrem Mann die Anerkennung verschaffen wollte, die das Projekt brauchte. Nur gemeinsam konnten sie den Traum zur Wirklichkeit machen, oder wie Carl Benz im oben erwähnten Film zitiert wird: »Nur *ein* Mensch harrte in diesen Tagen, wo es dem Untergang entgegenging, neben mir im Lebensschifflein aus. Das war meine Frau. Tapfer und mutig hisste sie neue Segel der Hoffnung auf.«

Ja, es erfordert durchaus einigen Mut, sich zu Visionen zu bekennen. Und manchmal spüren wir so ein leichtes Unbehagen, das sich parallel zum Nachdenken über Träume oder Visionen einstellt. Wir hören diese leise, zischelnde Stimme, die uns warnt: »Halt dich raus, du hast genug zu tun. Misch dich nicht ein, wer weiß, welche Nachteile sich daraus ergeben können. Du willst doch nicht als Träumer, Spinner oder Gutmensch beschimpft werden! Du kriegst nur Ärger. Vorsicht vor einer klaren Haltung in den Social Media, zieh keine Hass-Kommentare auf dich. Das bedeutet Shitstorm. Was macht das mit deinem Geschäft? Halt den Ball flach. Du bist doch eh nur ein kleines Licht.« Begegnen Sie diesem Traumpessimisten in sich mit Ihrem persönlichen inneren Mut-Beauftragten.

Das Visionsraster

Hier eine kreative Übung, mit der Sie Ihre Träume, Visionen und Utopien klarer benennen können. In der folgenden Liste finden Sie 40 von mir gesammelte Begriffe, die ich mit dem Wort »Vision« in Verbindung bringe. Vergleichen Sie jeweils die beiden nebeneinanderstehenden Begriffe und schreiben Sie jeweils den für Sie wichtigeren auf ein Blatt Papier. Dann haben Sie eine Liste von 20 Begriffen. Reduzieren Sie diese Liste auf zehn Begriffe und diese zehn noch einmal auf fünf. Die fünf Begriffe, die übrig bleiben, können Ihnen einige Erkenntnisse über das liefern, was Sie für wichtig im Leben halten, welche Werte Ihr Denken und Handeln beeinflussen und wohin Ihre Träume Sie ziehen werden.

Gerechtigkeit	Spiritualität
Gelassenheit	Herausforderung
Verantwortung	Geborgenheit
Weltfrieden	Natur
Selbstverwirklichung	Nähe
Erfolg	Abenteuer
Hilfsbereitschaft	Zufriedenheit
Wohlgefühl	Sicherheit
Herausforderung	Begeisterung
Sinn	Innigkeit
Berufung	Abwechslung
Freude	Ruhm
Respekt	Erfüllung
Fürsorglichkeit	Botschaft
Harmonie	Geld
Unabhängigkeit	Gemeinschaft
Engagement	Ablösung
Wertschätzung	Struktur
Liebe	Selbstständigkeit
Freiheit	Innovation

Zu den fünf übrig gebliebenen Begriffen, Ihren »Traum-Werten«, können Sie Gedanken und Ideen aufschreiben, Assoziationen und Fragen. Überlegen Sie, was die Begriffe mit Ihrem Traum, Ihrer Vision zu tun haben. Ich möchte Ihnen ein Beispiel geben, ohne Sie damit beeinflussen zu wollen:

Stellen Sie sich vor, bei jemandem wären übrig geblieben: Berufung, Struktur, Begeisterung, Hilfsbereitschaft und Abenteuer. Jetzt kämen demjenigen vielleicht Assoziationen wie Ausland, Hilfsorganisation, Projekte, Organisieren, sinnhaftes

Arbeiten, Dinge ins Laufen bringen, Schwachstellen analysieren, Neues entwickeln, Altes aufbauen. Die Gedanken würde dieser Mensch aufschreiben. Und dann würde er schauen, was diese Gedanken mit seinem Lebenstraum zu tun haben könnten bzw. ob sich daraus ein Zusammenhang zu einer Sehnsucht zeigt, die in ihm schlummert.

Der frühere Bundeskanzler Willy Brandt, das Idol meiner Jugend, hat einmal gesagt: »Wo Zivilcourage keine Heimat hat, reicht die Freiheit nicht weit.« Zivilcourage, also der Mut der BürgerInnen, ist der Garant der Freiheit. Ja, wir brauchen Mut, um Visionen zu benennen, um ihnen zu folgen und zu ihnen zu stehen. Und wir müssen manchmal mit unseren eigenen Ängsten kämpfen. Mit Rückziehern, die wir machen, mit Hindernissen, die uns unüberwindbar scheinen.

Manche Störgedanken türmen sich auf wie Gewitterwolken, machen uns Angst, lassen uns hektisch Vorkehrungen treffen. Später entpuppen sie sich aber meistens als Wetterleuchten und Grummeln in der Ferne. Ich bin sicher, alle Störungen, alle Hinweise haben einen Sinn, sind Wegweiser zu irgendetwas, was wir nur noch nicht verstehen. Ich habe mir in den letzten Monaten immer wieder folgende Erkenntnisse in Erinnerung gerufen:

- Folge deinen Impulsen.
- Vertrau auf dein Gefühl, tu, was du tun willst. Vielleicht wirst du manches hinterher bereuen. Aber noch viel mehr wirst du es bereuen, wenn du es nicht getan hast.
- Folge deinem Traum, glaub an deine Vision, mach das Unmögliche möglich. Glaube an Utopien.

- Verzettel dich nicht auf dem Weg zu deinem Traum. Nein, bitte pflanz nicht vorher noch die Blumen auf dem Balkon um, bevor du jemanden anrufen willst. Ruf ihn gleich an.
- Ablenkungsmanöver hindern dich daran, dass du deinen Kompass auf das wirklich Wichtige ausrichtest. So bleibt das Traumbild immer etwas unscharf und ist nicht wirklich dein Wegweiser.
- Bekomm keine Angst vor der eigenen Großartigkeit. Wenn du noch nicht mal die kleinen Sachen schaffst, wie solltest du denn den großen Wurf wagen?
- Und beherzige die uralte Regel, die unsere Vorvorfahren schon gekannt haben: Was du heute kannst besorgen, das verschiebe nicht auf morgen.

Verabredungen mit sich selbst

Kennen Sie das auch, dass Sie tagsüber wichtige Gedanken und Handlungen, die nicht direkt etwas mit Ihrer Arbeit, Ihren Pflichten zu tun haben, immer wieder verdrängen? Aber die Gedanken lassen sich nicht auf Dauer ausschalten. Spätestens abends im Bett, wenn der Körper zur Ruhe gekommen ist, nutzen sie die Schwäche des gähnenden Geistes, vertreiben die Müdigkeit, schießen wie kleine Lichtblitze empor, um das Gedankenkarussell wieder in Fahrt zu versetzen: »Bitte einsteigen, wir beginnen eine neue spannende Runde …«

In der Regel ist Widerstand zwecklos, wir bringen die wirklich wichtigen Gedanken durch Herumwälzen und Schäfchenzählen nicht zum Schweigen. Nutzen Sie deshalb lieber die nächtliche Stunde, um sich ihnen in Ruhe widmen zu können. Stehen Sie wieder auf, kochen Sie sich eine schöne Tasse Tee, holen Sie sich einen Schreibblock und setzen Sie sich an Ihren

Lieblingsplatz. Nach meiner Erfahrung können wir uns nach diesem Freundesdienst an unseren Gedanken beruhigt hinlegen und schlafen.

»Verwirrung ist ein Teil des Veränderungsprozesses.«

Sokrates

Jeder Mensch hat so seine Lieblingsbilder, die ihm gefallen. Ich liebe den Sternenhimmel. Schon mein Vater hat mich gelehrt, Sternenkarten zu »lesen« und Sternbilder erkennen zu können: den Großen Wagen, den Stier, das Kreuz des Südens … Das Sternbild Kassiopeia, auch das Himmels-W genannt, ist mein Lieblingsbegleiter in gedankenvollen Nächten.

Eine schlaflose Sternennacht hat mich kürzlich animiert, Sterne für die Strukturierung meiner Gedanken zu nutzen. (Wenn Sie merken, dass Sie auch gerne kleine Zeichnungen machen, wenn Sie an etwas denken oder reden, ist das vielleicht ein Weg, Ihren Träumen ein Gesicht zu geben.) Also, ich habe mir einen Himmelsausschnitt auf ein Blatt Papier gemalt und eingezeichnet:

- Was sind die Fixsterne in meinem Leben? Fixsterne stehen für meine Werte. Zu ihnen zählen unter anderem meine Überzeugung, meine Haltung, mein Interesse an der Welt, aber auch die Menschen in meiner Familie, meine Freunde, meine Arbeit.
- Welche Bedeutung hat die Milchstraße, die ich in mondlosen Nächten erkennen kann? Sie erinnert mich einerseits daran, dass wir als Menschen aus Sternenstaub entstanden sind, aufgehend und verglühend, und daran, mich selbst nicht *zu* wichtig zu nehmen. Andererseits fühle ich mich beim An-

blick der Milchstraße ganz ungemein geborgen, als ein winziger Teil des großen Ganzen, das man Universum nennt.

- Wofür stehen vorbeiziehende Satelliten? Vielleicht haben Sie auch schon mal in einer lauen Sommernacht im Freien auf dem Rücken liegend in den Nachthimmel geschaut und die Raumstation ISS ihre Bahn ziehen sehen? Als Satelliten bezeichne ich Projekte, die auf den ersten Blick ganz bedeutend erscheinen, aber uns vom wirklich Wichtigen ablenken, dem wir eigentlich folgen wollten.
- Sternschnuppen blitzen kurz auf und vergehen wieder. Sternschnuppen stehen bei mir für das Thema »Loslassen« (heißt es deshalb, etwas ist mir »schnuppe«?). Sie kennen das: Sie haben jede Menge Ideen, jeden Tag. Aber Sie können trotz der enormen Energie, die Sie besitzen, nicht alles machen. Auch Ihr Tag hat nur 24 Stunden, auch Ihre Kraft ist begrenzt, auch Ihr Leben endlich.

In den Denknächten auf dem Balkon sortiere ich meine Verwirrung. Der Philosoph Sokrates hat einst sehr klug beschrieben: »Verwirrung ist ein Teil des Veränderungsprozesses.« Ja, diese Erfahrung mache ich als Coach immer wieder. Und Berichte anderer Menschen bestätigen es.

Der Traum von der großen Freiheit

Zum Beispiel Barbara Wittmann, Unternehmerin aus Bayern, die ich für dieses Buch interviewt habe. Ich kenne Barbara seit knapp 20 Jahren und habe ihren Werdegang mit allen Chancen und Irrungen verfolgt. Die Jahre zwischen 30 und 40 beschreibt sie selbst als die Jahre ihrer persönlichen Verwirrung. Sie beschreibt, dass sie fast zehn Jahre dazu gebraucht hat, herauszufinden, wofür sie brennt, wofür sie Fußspuren in der Welt hinterlassen möchte.

Ihr Fazit:

◐ »Ich pendle zwischen den Welten, und das ist mein Traum. Vor 20 Jahren entstand die Idee, in den USA zu leben, verbunden mit der Hoffnung, ganz frei zu sein. Freiheit ist ein ganz großes Gut für mich. Ich habe aber feststellen müssen, dass Träume nur in Sequenzen funktionieren. Jeder startet mit einem Traum, der wahrscheinlich zu groß ist. Ich habe für mich festgestellt, dass es nicht Jahre, sondern Jahrzehnte braucht, bis sie wahr werden.«

Barbara, die in einem kleinen Dorf in Oberbayern aufgewachsen ist, war über die Fahrradbranche zu internationalen Managementjobs gekommen. Sie hat schon als Schülerin in einem Fahrradladen gejobbt und dann sehr schnell für ein amerikanisches Unternehmen gearbeitet. Barbara ist eine hoch talentierte Frau und hat sehr früh viel Verantwortung übertragen bekommen. Mit 24 war sie bereits Managerin und reiste um die Welt. Ihre Energie hat mich damals schon fasziniert.

Sie erzählt:

»Mit 20 wurde mein Visum nicht verlängert und ich musste aus den USA ausreisen, aus dem Land meiner unbegrenzten Möglichkeiten, dort hatte ich eigentlich für immer bleiben wollen. Ich arbeitete dann für einen bekannten Sportartikelhersteller, hatte tolle Titel, Status war mir sehr wichtig. Bis Ende 20 dachte ich, ich könnte alles. Das ist, glaube ich, für viele junge Menschen erst einmal extrem wichtig. Dann habe ich festgestellt, das ist es nicht mehr, und habe mich umorientiert. Ich wechselte zur SAP als Quereinsteiger, war zuletzt im Innovationsteam von Hasso Plattner, dem Gründer der SAP, konnte ihm meine Ideen erzählen, verschiedene Patente tragen meinen Namen. Ich hatte alles, was mir wichtig war, umgesetzt. Als ich 30 wurde, kam der Schnitt.«

Mit 30 machte sich Barbara selbstständig, gründete in den folgenden Jahren mehrere Unternehmen in der IT-Beratung. Sie dachte, was sie bei SAP gemacht hatte, könnte sie auch allein machen. Nur dass niemandem der Name »Wittmann« ein Begriff war.

»Also die 30er, die waren steinig. Es wurde die Phase der Selbsterkenntnis. Meine wichtigste Frage wurde: Wer bin ich? Was mache ich hier eigentlich? Mit Mitte 30 bin ich auf die Sehn-Suche gegangen, wie du das nennst.«

Das erste Kinderfoto, das es von der kleinen Barbara gibt, zeigt sie in einem Buggy sitzend mit zehn Monaten, sie hat Federn in der Hand. Schon wenige Jahre später spielt sie nur noch Indianer, mit buntem Federschmuck und Tomahawk, wünscht sich sehnlichst ein Indianerzelt und will Winnetou bzw. den Schauspieler Pierre Brice heiraten. Das Indianerzelt, ein Tipi, hat sie sich erst mit 30 geleistet, es war ein Rückzugsort, sie hat am Boden gesessen, Feuer gemacht, die Ruhe genossen. Ihre Nachbarn haben sie für verrückt gehalten. In den USA kam sie 2010 mit einem indianischen Ritual in Kontakt, das sie faszinierte:

»Also saß ich drei Tage fastend allein in der Wüste von Nevada, auf Visionssuche. Da bin ich fest auf die Füße gefallen. Da habe ich erst erlebt, wie viel Mist in meinem Hirn ist. Wie selbstverliebt ich bin. Das war vielleicht eine traurige Erkenntnis, aber keine schlechte«, sagt Barbara und lacht.

»Ich sitze da draußen in der Wildnis, was mache ich da mit mir? Ich habe am ersten Tag angefangen, wie Michel aus Lönneberga Holzmännchen zu schnitzen. Ich wollte ganz viele aus der Wüste mitbringen. Ist doch komisch, dass man denkt, man müsste irgendetwas in dieser Zeit produzieren. Und dann habe ich mir gleich mit dem Messer, das ich für Notfälle dabeihatte, so in den Daumen geschnitten, dass das Blut gespritzt ist. Dann war's aus, dann bin ich in meinem Selbstmitleid versunken, an einem Baum lehnend, drei Tage lang, und habe sinniert.

Was passiert denn, wenn ich nicht mehr bin, wenn ich sterbe? Woran sollen sich die Menschen erinnern? Und ich muss ehrlich sagen, wahrscheinlich werden die Menschen sich nicht an jemanden erinnern, der auf einem großen Haufen Schotter gesessen ist. Wie will ich einen Unterschied in der Welt machen, ›make a difference‹, wie die Amerikaner sagen? Was will ich als Vermächtnis hinterlassen? Ich habe keine Kinder, vielleicht stellt sich die Frage ganz anders für Menschen, die Kinder haben. Und dann hatte ich plötzlich den Impuls, ich schreibe ein Buch über das, was ich da mitten in der Prärie erlebt habe.«

Barbara schreibt erst einmal einen Brief an sich selbst, aus der Sicht von fünf Jahren später, wie ihr Leben einmal sein soll, und es steht sinngemäß darin:

»Ich bin ich, ich wohne in den Rocky Mountains in einem tollen Blockhaus, mein erstes Buch erscheint gerade auf Englisch und ich halte demnächst eine Lesung in San Francisco.«

Fünf Jahre nach dem Verfassen des Briefes, den sie wie einen Schatz hütet, besuche ich sie in ihrer Wohnung in der Nähe von Pfaffenhofen in Niederbayern. Große Bilder über ihre Aufenthalte bei den Indianern schmücken die Wände, sie zeigt mir einen prachtvollen Häuptlingsschmuck und erzählt mir strahlend in meine Interviewkamera:

»Ich habe ein Buch geschrieben über indianische Weisheiten und wie man die im Geschäftsleben verankern kann, wie ich es auch mit meinen Mitarbeitern lebe. Vor vier Wochen ist mein Buch auf Englisch herausgekommen. Und demnächst bin ich vielleicht in San Francisco zu einer Lesung.« Ihr Grinsen reicht jetzt von Ohr zu Ohr.

»Ich habe mich in einem Haus in den roten Felsen von Colorado einmieten können, jeweils von August bis Januar. Da treffen ganz viele Indianerstämme aufeinander, die Navajo, die Hopi, die Pueblo und die Ute. Die haben mich sehr freundlich aufgenommen. Sie haben mir alte Wandmalereien gezeigt, wo alte Kulturstätten sind. Da fühle ich mich daheim, das ist die Heimat meiner Seele.«

Vor wenigen Monaten, wieder im Tal des Todes, hat sie ihren Traummann getroffen. Wieder stiehlt sich ein tiefes Lächeln über ihr Gesicht.

»Ich hab früher immer gesagt, mich wird der Mann heiraten, der mir wie nach alter Väter Sitte mit der Keule über den Kopf haut und mich in seine Höhle zieht. Und na ja, ein bisschen war es so, mitten im Death Valley. In diesem Tal ist gar nix, na ja, Höhlen gibt es. Don war der einzige Mann weit und breit. Nach einem Jahr Fernbeziehung haben wir geheiratet. Jetzt kämpfe ich mich durch die Wildnis des Visumprozesses für Ehefrauen in den USA. Ja, da kriegst' einen Vogel. Und wieder kommt der schräge Traum durch. Ende nächsten Jahres lebe ich hoffentlich mit ihm dort.«

Barbara Wittmann, in Deutschland weiterhin als Unternehmensberaterin und Coach tätig, arbeitet weiter an ihrem Lebenstraum. Sie hat gefunden, womit sie der Welt ein Vermächtnis hinterlassen will.

»Ich bin der Pendler zwischen den Welten, ich möchte das Wissen und die Rituale der Indianer in meine Welt integrieren. Und nicht nur das, ich glaube, wir müssen das Alte ehren, ob von Indianern, Kelten oder der bayerischen Tradition. Wir müssen uns wieder zurücklehnen und schauen: Wie haben es denn die Alten gemacht? Menschen haben vergessen, Geschichten zu erzählen oder wirklich zuzuhören. Das heißt, es gibt keinen kulturellen Wissenstransfer mehr. Das gab es früher beim Sonntagnachmittag-Kaffee mit Oma und Opa und alle haben erzählt. Bei den Indianern ist es das Sitzen am Lagerfeuer. Da erzählen die Ältesten oder reisende Geschichtenerzähler Geschichten, die Kinder sitzen dabei und lernen etwas. Wir können lernen, dass es nie alleine geht, es ist immer die Weisheit der vielen. Es braucht immer einen Älteren, der uns begleitet, und der muss geehrt werden.«

Ihre Erkenntnisse aus dem Indianerleben überträgt Barbara auf die Erkenntnisse für Menschen, die ihren Traum verwirklichen wollen:

- Schwört euch nicht zu sehr auf einen einzigen Pfad ein, sonst seht ihr die anderen Wege nicht mehr, die euch auch zu wertvollen Zielen führen.
- Seid geduldig. Viele Menschen wollen zu viel und alles zu schnell. Wie viele Ideen liegen wie Samen unter der Erde und warten auf Regen, um dann in wunderbaren Farben zu sprießen! Aber Menschen haben keine Geduld und graben den Samen alle zwei Tage wieder aus, schauen nach, wie weit er gediehen ist, und schreien ihn an: »Wachse!« Was passiert – nix!
- Habt Geduld. Indianische Medizinmänner und -frauen denken nicht linear, sie halten das nicht für nachhaltig. Sie glauben an das zirkuläre Denken. Sie denken in den Kreisläufen der Jahreszeiten. Dann hast du ein Säen, ein Wachsen, ein Ernten und dazwischen hast du eine Pause, immer. Ihr ganzes Leben funktioniert in Phasen, du bist Kind, du bist Teenager, du bist der Erwachsene, du bist der Älteste.
- Wir in unserer Kultur vergessen die Wichtigkeit der Ältesten. Ehrt die Ältesten und hört sorgsam ihren Geschichten zu. Ihr lernt damit viel für euer eigenes Leben.

Der Charme der Zufälle

Alles, was man vergessen hat,
schreit im Traum um Hilfe.

Elias Canetti

Vielleicht werden Sie beim Lesen der vielen Beispiele in diesem Buch ab und zu denken: Na, die haben aber auch echt Glück gehabt! Manche nennen es »Glück haben«, ich nenne es »sinnvollen Zufall«. Beate Pracht beispielsweise hat sich einen Lebenstraum erfüllt, von dem sie selbst bis dahin gar nichts wusste: Es war ein Klick auf der Fernbedienung ihres Fernsehers, der ihr Leben veränderte, also ein winziger Zufall. Gleich mehr darüber.

Wenn wir es einmal ganz nüchtern betrachten: Unser Leben besteht aus einer Aneinanderreihung unendlich vieler Zufälle. Glauben Sie nicht?

Ein einfaches Beispiel: Anna will gerade aus dem Haus gehen, als das Telefon klingelt. Ihre Telefongesellschaft bietet ihr einen neuen Tarif an. Das Gespräch dauert 90 Sekunden. Anna schließt die Haustür ab, geht hinaus und stößt auf dem Gehsteig vorm Haus beinahe mit einem Radfahrer zusammen. Sie schimpft, er antwortet mit Humor. Sie lachen. Sie verlieben sich. Sie werden ein Paar.

»Das würde ich Bestimmung nennen!«, seufzen Sie sehnsüchtig? Tja. Erst mal war es ein ganz einfacher Zufall. Hätte das Telefon 30 Sekunden später geklingelt oder wäre Anna nicht rangegangen, wäre sie diesem Menschen wahrscheinlich niemals begegnet. Damit Sie wirklich sehen, dass das Geschehen nicht in unserer Hand liegt: Wäre Annas Rad-Liebe fünf Minuten früher losgefahren, wäre es egal gewesen, ob sie ans Telefon gegangen wäre oder nicht.

Nein, ich möchte niemandem die Romantik vermiesen, im Gegenteil, ich möchte Sie bestärken, sinnvolle Zufälle anzunehmen und zu nutzen. Ich möchte Sie ermutigen, den Zufall zu Ihrem Freund zu machen. Sie kennen vielleicht die Definition: Zufall ist, was uns zufällt. Ich sage: »Wenn Absicht auf Zufall trifft, nennen wir das Chancen.«

Gute TennisspielerInnen haben ein starkes Ziel: Sie wollen gewinnen. Anfänger wollen zumindest ihre beste Leistung im Spiel abrufen. Sie haben gelernt, ihre eigenen Schläge zu kontrollieren. Sie können genau dorthin spielen, wo sie es möchten. Auch wenn sie nie wissen, wie der Ball zurückkommt. Ist ihr Gegner stark oder schwach, ist er laufschnell oder müde? Spielt er einen Granaten-Return oder haut er in die Luft? Das heißt, Tennisspieler müssen sich bei jedem Ballwechsel neu auf den Schlag ihrer Mitspieler einstellen. Und ihre Reaktion ist entscheidend!

Auf die Reaktion der anderen haben wir im Leben nur wenig Einfluss, aber unser Spiel beherrschen wir. Wir können es gestalten und uns durchsetzen. Wir können uns entwickeln, uns gut aufstellen, an unserer Einstellung arbeiten, mit gezielten Aktionen das Spiel des Lebens formen und gute »Returns geben«. Wir können erkennen, welche wundervollen Vorlagen uns das Leben bietet, und sie herzhaft nutzen.

Was hat das nun mit dem Verlieben zu tun? Zwei Wochen, bevor mein Buch *Lebe wild und unersättlich!* 2007 erschien, brachte die *Süddeutsche Zeitung* einen Bericht über mich, mit Foto. Der Münchner Journalist Siegfried Brockert blätterte die

Zeitung durch und blieb im Lokalteil an einem Bericht über eine Sabine Asgodom hängen. Er las, dass diese Trainerin und Coach einen Preis bekommen hätte. Er, studierter Diplom-Psychologe, regte sich fürchterlich darüber auf und schrieb ihr eine entsprechende Mail ungefähren, uncharmanten Wortlauts: »Sehr geehrte Frau Asgodom, meines Wissens sind Sie Journalistin. Wie kommen Sie dazu, sich als Coach auf die Menschheit loszulassen?«

Ich bekam diese Mail und war kurz davor, sie mit einem kräftigen Fluch zu löschen. Jedoch kam mir sein Name irgendwie bekannt vor. Es stellte sich heraus, dass sich in meinem Buch *Lebe wild und unersättlich!* ein Werk eben dieses Menschen in der Literaturliste befand. Ich schrieb also ziemlich barsch zurück »… und Sie promote ich auch noch …« Es folgten mehrere Mails hin und her, irgendwie gefiel mir sein schräger Humor. Wir trafen uns. Siegfried ist das Geschenk meines Lebens. Aber es hing an einem seidenen Zufalls-Faden:

- Hätte er an diesem Tag die Zeitung nicht gelesen, hätten wir uns wahrscheinlich nie getroffen.
- Hätte ich nicht selbst die Mail gelesen, sondern meine Assistentin, wäre sie vielleicht direkt gelöscht worden.

Ich meine es ganz nüchtern: Wahrscheinlich hätte ich nie erfahren, welches Glück ich verpasst hätte.

Jetzt kommt mein »Zufall-als-Verbündeter-Prinzip« ins Spiel. Wenn wir die Lebensgeschehnisse schon nicht alle kontrollieren können, können wir wenigstens die Kunst erlernen, selbstsicher mit Zufällen umzugehen, sie mithilfe unserer Absicht zu Chancen zu veredeln. Ich lebe bewusst zufallsgesteuert. Das heißt, ich habe in meinem Leben immer schon mehr Chancen genutzt als Pläne gemacht.

Das
»Zufall-als-Verbündeter«-Prinzip

Ich möchte dieses Prinzip kurz vorstellen. Und erklären, warum es trotz meines intelligenz-geleiteten Ansatzes sehr viel mit Sehnsucht zu tun hat.

Nehmen wir an, das Leben wäre eine Aneinanderreihung unzähliger Zufälle, auf die wir keinen Einfluss hätten. Worauf wir aber massiven Einfluss haben, ist, wie wir in Zufalls-Momenten reagieren, egal ob es sich um einen glücklichen Zufall oder einen Schicksalsschlag handelt. Wir bestimmen unser Schicksal durchaus mit, nämlich je nachdem,

- *ob wir aktiv oder passiv darauf reagieren,*
- *ob wir hellwach oder geistig abwesend sind,*
- *ob wir einen Plan haben oder nicht,*
- *ob wir optimistisch oder pessimistisch sind,*
- *ob wir Chancen nutzen oder verstreichen lassen,*
- *ob wir voller Hoffnung oder Skepsis sind,*
- *ob wir offen oder verschlossen sind,*
- *ob wir mutig oder ängstlich sind,*
- *ob wir frech oder brav sind.*

Der Zufall wirft uns Situationen in unser Leben: Da kommt etwas in Bewegung, da wird etwas gestoppt, da läuft etwas anders als erwartet. Von unserer Einstellung hängt es ab, wie die Entwicklung weitergeht. Machen Sie sich den Zufall zum Verbündeten!

Wenn sich ein Zufall als Freude spendend entpuppt, nennen wir den Zufall gerne »Fügung« (nein, ich glaube nicht an eine Fügungsabteilung im Himmel, die fügt und fügt ...). Alle, die hier in diesem Buch von ihren Träumen erzählen, haben allerdings die Erfahrung gemacht, dass Absicht und Zufall sich zu wunderbaren Chancen zusammenfügen können. Und wenn wir solche Fügung nutzen, dann besteht die große Chance, dass wir in unserem Leben auch Erfüllung finden, ein weiteres wundervolles Wort.

Die Schriftstellerin Ricarda Huch hat schon vor 100 Jahren geschrieben: »Was Menschen zu ihrem Glück brauchen, ist eine Aufgabe; Menschen, die sie lieben; und eine große Hoffnung.«

Der Umgang mit traurigen Zufällen

Jetzt kommen wir zur anderen Seite des Zufalls: In diesen Fällen nennen wir das seltsamerweise nicht Fügung, sondern Pech, Schicksalsschlag oder »Warum ich?« Wie wäre es mit der Formulierung »trauriger Zufall«? Wenn wir uns mit dem Gedanken vertraut machen, dass es eben auch negative Zufälle gibt, sinkt die Gefahr, dass wir das Geschehen als persönlichen Rachefeldzug des Schicksals ansehen. Und das führt uns zu einem Seelenzustand, den der römische Philosoph Seneca »Ataraxie« nennt, Seelenruhe. Seneca hat sich sein Leben lang mit der Suche nach Gelassenheit beschäftigt. Er sagt, dass Glück mit Seelenruhe verbunden ist.

Ich habe die Erfahrung gemacht, dass »Hinnehmen« oder »Annehmen« zur Seelenruhe beiträgt. In Eritrea, meiner früheren zweiten Heimat, haben mir Freunde mal staunend gesagt: »Wir sind ja schon Dritte Welt, aber du bist Vierte.« Ich hatte einen Rückflug nach Deutschland verpasst und habe das so kommentiert: »Dann nehme ich halt den nächsten Flug. Das wird schon irgendwie.« Ich kann heute noch Menschen zur Weißglut bringen, wenn ich meinen Lieblingssatz sage: »Dann ist es so.« Ja, aber stimmt doch! Wie hat Seneca geschrieben: »Jeden kann treffen, was irgendjemand treffen kann«. So klug!

Bei manchen traurigen Ereignissen fällt uns beim besten Willen kein Sinn ein. Muss es auch nicht. Aber mir ist im Laufe meines Lebens, nach dem Tod von Familienmitgliedern, nach dem Scheitern von Beziehungen, nach Höhen und Tiefen klar geworden: Menschen werden geboren, Menschen werden krank, Menschen sterben. Menschen verlieben und entlieben sich. Menschen entscheiden sich für uns und bleiben bei uns. Menschen entscheiden sich für jemand anderen und verschwinden. Das alles geschieht millionenfach jede Minute auf der Welt. Das eine ist so wenig gerecht wie das andere. Das Leben ist nicht gerecht. Es findet statt. Aber ob es mit uns oder ohne uns stattfindet, das ist unsere Entscheidung.

Vielleicht machen diese Gedanken Sie traurig? Vielleicht haben Sie sich noch nie so genau mit diesem Thema beschäftigt und wollen es auch gar nicht? Ich glaube fest daran, dass eine aktive Lebensgestaltung mit dem Wissen, dass alles endlich ist, eine größere Schubkraft bekommt. Wie viele Menschen kennen wir, die ihre Wünsche immer weiter verschieben: wenn das Haus abbezahlt ist, wenn die Kinder groß sind, wenn es meiner Firma wieder besser geht, wenn die Zeiten sich ändern. Manche Menschen leben, als hätten sie ein Zweitleben im Schrank, das sie einfach herausholen können, wenn das erste verschlissen ist. Dazu ein weiteres Zitat von Seneca: »Das schlimmste Übel ist, aus dem Kreis der Lebenden auszuscheiden, bevor man stirbt.«

Philosophen schreiben seit Tausenden von Jahren über das

»Werden, Wachsen und Vergehen« (wieder Seneca), aber es fällt uns so schwer, dies anzunehmen. Ich habe für mich den Schrecken aus der Vorstellung des Todes genommen, indem ich mein verbleibendes Leben nach meinen Träumen gestalte. Ich habe das Schlussbild vor Augen und möchte sagen können: »Ich habe so gut gelebt, wie ich konnte.«

Und noch ein letztes Zitat: »Carpe diem« heißt »Nutze den Tag« (Horaz). Wir sollten diesen Spruch nicht nur als Fußmatte vor unsere Wohnungstür legen und jeden Tag wie die Schafe darübertrampeln, sondern ihn, egal, ob er banal klingt, in unser Handeln aufnehmen.

Was wir Zufällen verdanken

Wann werden Zufälle zu Chancen und tragen zu unserem Glück bei? Wenn wir sie annehmen und ihnen einen Sinn geben können bzw. wenn wir das Leben von seinem Ergebnis her betrachten und Entwicklungen und Zufälle als zielführend ansehen. Das gibt es nämlich auch: dass wir im Nachhinein, also erst im Rückblick auf unser Leben, erkennen können, dass und warum all die Zufälle des Lebens uns genau dahin geführt haben, wo wir jetzt sind. Und dass wir nicht alles unserer Umsicht oder unserer überragenden Intelligenz und Schaffenskraft verdanken, sondern auch dem einen oder anderen misslichen Zufall:

- Wäre mein Chef nicht so unmöglich gewesen, hätte ich nie gekündigt und diesen neuen tollen Job bekommen.
- Hätte ich die Wohnung bekommen, die ich damals so sehnlichst gewollt hatte, hätte ich nie dieses entzückende kleine Haus gefunden, in dem wir jetzt leben.

- Wäre die Bahn damals nicht zu spät gekommen, hätte ich nie in der Zeitung von dieser Initiative gelesen.
- Hätte meine Frau mich nicht damals verlassen, hätte ich nie Brigitte kennengelernt, meine neue Traumfrau (gilt genauso für den Traummann).
- Wäre mir das Malheur nicht im ersten Jahr meiner Selbstständigkeit passiert, hätte ich nie Herrn X kennengelernt, der dann in mein Unternehmen investiert hat.
- Hätte ich nicht übereilt gekündigt, hätte ich nicht aus der Not heraus als Freiberuflerin gearbeitet und kann heute so leben, wie ich möchte.
- Hätte ich in meinem Karriere-Hamsterrad nicht Burn-out bekommen, hätte ich nie die Umkehr zu einem gesünderen, achtsamen Leben geschafft.
- Hätte ich nicht zufällig genau diese Fernsehsendung gesehen, wäre ich nie auf die Idee gekommen, Therapie mithilfe von Tieren zu machen.

»Ein Mensch schaut in der Zeit zurück und sieht,
sein Unglück war sein Glück.«

Eugen Roth

Auf der einen Seite haben wir also das Leben mit all seinen Zufällen – auf der anderen haben wir unsere Vorstellung vom Leben, unsere Träume, unsere Absichten. Wie zwei Zahnräder greifen die beiden Seiten ineinander. Warum glauben wir, dass der Lauf aller Gestirne einer naturwissenschaftlichen Gesetzmäßigkeit gehorcht, aber wir Menschen völlig selbstbestimmt unseren Weg gehen könnten? Warum wird uns immer wieder eingeredet, wir seien allein unseres Glückes Schmied? Eine ungeheure Last wird Menschen dadurch auf die Schultern gelegt.

»Du musst nur wollen, dann kannst du alles erreichen.« Nein, das glaube ich nicht. Manchmal passen die Zahnrädchen nicht ineinander, sondern verhaken sich. Manchmal spielt uns der Zufall, nennen Sie es meinetwegen das Schicksal, einen Streich:

- Wir planen vielleicht gerade, wie wir unsere Arbeitszeit reduzieren und ein bisschen gemächlicher leben können, da bekommen wir ein hoch attraktives Angebot von unserem Arbeitgeber – allerdings mit einem bisschen Mehrarbeit verbunden.
- Wir wollen gerade in der Karriere durchstarten, da erwarten wir ein Kind.
- Wir träumen von der Weltreise, haben auch tüchtig gespart, brauchen das angesparte Geld plötzlich aber für andere, wichtigere Ausgaben.
- Wir wollen uns gerade selbstständig machen, da verliert unser Partner/unsere Partnerin den Job.

Erinnern Sie sich an solche verhakten Situationen? Sie hatten sich etwas so fest vorgenommen, aber Sie haben es einfach nicht hinbekommen? In meinem Modell von den Zufällen des Lebens ist auch die Versöhnung mit sich selbst enthalten. Ja, Sie haben es vermasselt, ja, Sie haben aufgegeben, ja, Sie haben wider besseres Wissen nicht gehandelt. Jeder Mensch, der sich mit diesem Thema beschäftigt, wird zugeben müssen, dass er Chancen ungenutzt hat verstreichen lassen, dass er manche Hand, die sich ihm geboten hat, zurückgewiesen hat, und dass er an manchen offen stehenden Türen vorbeigelaufen ist. Hallo, auch Sie sind ein Mensch, fehlbar oder schwach, ängstlich oder verführbar. Sie können Ihr Bestes versuchen, manchmal hat es eben nicht gereicht. Üben Sie Selbstmitgefühl – verzeihen Sie sich.

Es passiert in jedem Leben – wir erreichen nicht, was wir

uns vorgenommen haben. Ganz oft deshalb, weil es Ambivalenzen in unseren Leben gibt. Einerseits würden wir gern – und andererseits auch. Wir hatten uns doch vorgenommen, und dann kommt dies und das dazwischen. Und es ist gut, wie es sich ergibt. Niemand hat irgendetwas von Selbstschmähungen wie »Hätte ich doch, wäre ich doch ...« Manche Träume brauchen viel länger, als wir glauben, manche drehen unerwartete Schleifen, manche stellen sich als zu groß heraus, bei manchen schreckt uns der »Preis«, den der Schritt kosten würde. Dann ist es so.

»Wisse, Mensch, dass ein Windhauch des Schicksals deine ganzen stolzen Pläne hinwegfegen kann.« Ich möchte Menschen mit diesem Satz immer wieder an ihre Wahlfreiheit erinnern: Du, Mensch, kannst dich entscheiden, wie du mit deinen Lebenszufällen umgehst.

Ganz praktisch heißt das für Sie:

- Sind Zufälle *Er*mutigung oder *Ent*mutigung für Sie?
- Entscheiden Sie sich für Flüchten oder Standhalten?
- Werden Sie erstarren oder sich bewegen?
- Üben Sie Demut oder suchen Sie den Kampf?
- Und noch mal ganz dramatisch: Zürnen Sie den Göttern oder nehmen Sie Ihr Schicksal an?

Erinnern Sie sich an Sprüche aus Ihrer Kindheit? Vielleicht war dieser dabei: »Wenn das Wörtchen ›wenn‹ nicht wär, wär mein Vater Millionär!« Ebenfalls kluges Weltwissen, was Zufälle betrifft. Nein, es werden nicht alle Menschen mit den gleichen Chancen geboren – vieles ist Zufall. »Und was hilft mir das?«, fragen Sie sich vielleicht. Es geht um die Versöhnung mit dem »Wenn«. Wenn ich nicht in Ost, sondern in West aufgewachsen wäre, hätte ich vielleicht ... Wenn ich nicht als Frau, sondern als Mann geboren wäre, hätte ich bestimmt … Wenn ich Mathe studiert hätte und nicht Sozialpädagogik … Jede Option ist aus einem Zufall geboren.

Ein Zeitfenster öffnet sich für eine Sekunde, ein Strahl blitzt durch die Wolken – und bestimmt damit manchmal ein ganzes Leben: In der Berufsberatung vor dem Abitur habe ich die Beraterin nach den Möglichkeiten gefragt, Journalistin zu werden. Sie hat mir empfohlen, Germanistik und Politologie zu studieren. Und dann gäbe es da noch eine Journalistenschule in München – aber die hätte eine viel zu schwere Aufnahmeprüfung. Ich habe die Beraterin trotzdem nach der Adresse gefragt, sie hatte sie tatsächlich dabei. Ich habe mich beworben, bin unter 800 Bewerbern als eine von 30 Absolventen ausgewählt worden und mein weiterer Lebensweg wurde dadurch bestimmt.

»Kairos« haben die griechischen Philosophen diese Zeitfenster genannt – »den richtigen Augenblick«. Wenn wir das Aufblitzen nicht sehen, gehen wir achtlos weiter. Ich meine das ganz ohne Wertung – niemand weiß, ob es bei anderer Entscheidung besser oder schlechter geworden wäre.

Das Zufallsprinzip hat sogar Einzug ins Karrierecoaching gefunden, wie im Mai 2015 die Zeitschrift *Psychologie heute* berichtet hat. Die These: »Wenn es Zufälle sind, die unser Leben entscheiden und die häufig auch die schönsten Wendungen schenken, dann wäre es wünschenswert, die Zahl der Zufälle zu erhöhen.« Der 1928 geborene amerikanische Psychologe John Krumboltz von der Stanford University ermutigt: »Lerne, deine glücklichen Zufälle zu erschaffen! Das Leben ist eine Tombola, wir sollten versuchen, mehr Lose aus der Trommel ziehen zu dürfen.« Was für ein grandioses Bild!

Krumboltz hat eine Best-of-Liste für Menschen zusammengestellt, die einen erfüllenden Arbeitsplatz suchen:

1. Finde jemanden, der seinen Job wirklich liebt. Verabrede dich mit ihm. Stell ihm Fragen über seinen Beruf.

2. Sprich mit möglichst vielen Menschen über deine beruflichen Interessen.

3. Geh zu Autogrammstunden oder Buchlesungen: Sprich die Autoren an und stell ihnen Fragen zu ihrem Beruf.

4. Schreib eine E-Mail an eine Persönlichkeit, die du verehrst. Stell ihr ein paar überraschende Fragen zu ihrer Arbeit.

5. Bei jeder Kontaktgelegenheit: Sprich mit drei Menschen, die du noch nicht kennst.

6. Mach eine Fortbildung, zum Beispiel einen Rhetorikkurs, und sprich mit den anderen Teilnehmern.

7. Hilf mit, einen Event zu organisieren.

8. Biete einen Lehrgang oder Nachhilfeunterricht an, um anderen dein Wissen weiterzugeben.

9. Wenn du auf einer Party bist, stelle den Leuten Fragen, die sie herausfordern, zum Beispiel: »Was tust du, wenn du eine Million im Lotto gewinnst?«

10. Wenn dich eine Organisation total beeindruckt und inspiriert: Ruf dort an und melde dich als ehrenamtlicher Helfer.

Manchmal liebe ich den pragmatischen Ansatz amerikanischer Wissenschaftler. »Geh und tu's!«, ist die Botschaft, »Grübel nicht, versuch was«. Dahinter steckt die Erkenntnis: Träume leben heißt, das Leben selbstbestimmt zu nutzen. Wir sind keine Opfer, sondern Mitspieler in diesem großen Spiel des Lebens. Die einen haben vielleicht mehr Glück beim Würfeln, die anderen haben die besseren Karten bekommen und wieder andere sind gute oder schlechte Verlierer. Einige sehen die Lösung, während andere noch grübeln und grübeln.

Wie Zufälle
eine Lebensbahn bestimmen

Lassen Sie mich die lebensbestimmende Kraft des Zufalls an einem ganz konkreten Beispiel beweisen. Es soll Mut machen, mehr als bisher auf Zufälle zu achten und die Chancen in ihnen zu erkennen.

Beate Pracht aus Gelsenkirchen ist ein Mensch, der nach Lösungen sucht. Sie hatte ursprünglich Bankkauffrau gelernt. Doch sie wurde nicht wirklich froh damit.

▶ »Ich hatte immer so eine starke Sehnsucht im Herzen, etwas mit Sport zu machen. Mein großer Traum war es, an der Sporthochschule in Köln Sport zu studieren. Es gab ein Hindernis, ich hatte nur den Realschulabschluss. Wie es der Zufall wollte, hörte ich eines Tages von einer ehemaligen Kollegin, die gekündigt hatte, um ihr Abitur am Ruhr-Kolleg nachzumachen. Ich wusste damals gar nicht, dass das geht.«

Das war der erste Zufall.

»Ich habe mich getraut, habe meine Stelle gekündigt und habe das Abitur am Ruhr-Kolleg nachgemacht. Ich habe tatsächlich den Numerus clausus für die Sporthochschule geschafft. Jetzt lag die superschwere Aufnahmeprüfung vor mir. Ich habe trainiert wie eine Wilde, habe in Sportgruppen mitgemacht, meine schwächeren Sportarten trainiert, Turnen und Schwimmen. Und ich habe die Prüfung geschafft! Mit Ende 20 habe ich mein Diplom in der Studienrichtung Psychiatrie gemacht, also psychologische Begleitung mit dem Element Bewegung.«

Nach einem Praktikum in einer Klinik für Psychiatrie und Psychosomatik wurde Beate dort eine Stelle als Therapeutin angeboten:

»Ein super Arbeitsplatz. Ich habe über 16 Jahre Menschen begleitet mit Erschöpfungszuständen, Burn-out, Angstzuständen, Menschen in tiefen Krisen. Aber irgendwann habe ich wieder so eine tiefe Sehnsucht nach Veränderung gespürt.«

Was sagte nochmals der Psychologe John Krumboltz: »Das Leben ist eine Tombola.« Das bedeutet auch: Zieh das richtige Los.

Beate Pracht arbeitet heute als selbstständige Therapeutin, Trainerin und Coach, seit acht Jahren zusammen mit fünf männlichen Kollegen als Co-Trainer, die helfen, »die Menschen zu ihrem Herzen zu bringen«, wie Beate es nennt:

- mit Dancer – wenn er läuft, dann tänzelt er;
- mit Hannibal, einem feurigen Südamerikaner;
- mit Kasimir, er ist der Chef, besonnen und ruhig;
- mit Caruso, er trägt seinen Namen zu Recht, denn er singt gerne;
- und mit Diego, er ist der Jüngste, daher ist er frech und ungestüm.

Ach ja, Beates Kollegen sind Lamas. Sie bietet in Gelsenkirchen Lama-Wanderungen an, Events, Seminare und Coachings zur »Herzintelligenz«. Der zweite Zufall: Beate hatte eines Abends im Fernsehen einen Bericht über Lamas gesehen.

»Ich habe diese Tiere gesehen – und was dann passiert ist … Mein Herz wurde total weit, es flog und hüpfte, ich kann mir vorstellen, so fühlen sich vielleicht Erleuchtungszustände an. Ich wusste plötzlich: Genau, das ist es! Ich hatte noch nie vorher mit Lamas zu tun. Aber dieser Fernsehbericht hat etwas mit mir gemacht. Aber da ich auch nach meinem Verstand gehe, habe ich natürlich geprüft. Was sind das für Tiere?«

Beate hat sich kundig gemacht. Wie hält man Lamas, wie

versorgt man sie? Sie hat Züchter gesucht, ist in Deutschland herumgefahren und spürte es ganz deutlich:

»Jawohl, diese Tiere haben so etwas wie Magie. Sie sind auch für Menschen geeignet, die nicht so tierbegeistert sind, denn sie sind höflich, halten Distanz, bedrängen Menschen nicht, lassen den Menschen ihren Raum.«

Ich kann das nur bestätigen. Während ich Beate inmitten ihrer fünf »Kollegen« filme, stehen oder liegen die Lamas total friedlich um uns herum, zupfen Gras oder käuen wieder. Ich bin nun nicht der allergrößte Tierfreund, ihre Ruhe tut mir gut – aber vor allem schätze ich es, dass sie nicht an mir hochspringen, schnüffeln oder gestreichelt werden wollen. Sie sind einfach nur da. Und Beate sitzt mitten zwischen ihnen wie die Königin der Anden.

»Ich habe meinen Traum nicht gleich verwirklicht. Ich habe ihn gut vorbereitet, ich habe eine Unternehmerinnenschule besucht, war bei der Gründungsberatung, habe das richtig fachlich vorbereitet. Als ich bereit war, habe ich in der Klinik gekündigt. Mein Chef hat gefragt: ›Haben Sie sich das gut überlegt?‹ Ja, das hatte ich, Sehnsucht im Herzen. Ich weiß, es war das Richtige. Vor genau acht Jahren habe ich mein Unternehmen ›Prachtlamas‹ gegründet.«

Gleich am ersten Tag hatte Beate die ersten Kunden – von der Sozialpsychiatrie in Duisburg, für die sie freiberuflich fast 30 Jahre gearbeitet hat.

»Die sagten, wir probieren es jetzt einfach mal aus, mit dem Risiko, es ist was, oder es ist nichts. Die Patienten waren begeistert. Da war ein Patient, ein Mann, der zuvor keine einzige Therapie mitmachen konnte, er war völlig in sich versunken. Er hat die erste Stunde mit den Lamas verbracht, ist mit ihnen spazieren gegangen, und es war, als würde in ihm ein Schalter umgelegt. Der Mann fing an zu lächeln, ja, er hat sogar gelacht.

Seine Schwester hat ihn nicht wiedererkannt, etwas Magisches war geschehen. Seitdem arbeite ich für diese Kunden. Und die Erfolge haben sich rumgesprochen. Es ging blitzschnell.«

Beate hatte einen Superstart, sie war mit ihren Lamas auf einem Bauernhof in der Stadt untergekommen, einer gemeinnützigen Einrichtung.

»Fünf Jahre ging das gut, aber plötzlich wollten die mich nicht mehr. Ich glaube, ich wurde ihnen zu stark. Sie haben mir einfach gekündigt, über Nacht quasi. Wow, ich stand plötzlich ohne Stall, ohne Arbeitsmöglichkeit da. Man kann sich denken, dass es im Ruhgebiet nicht so einfach ist, einen neuen Standort zu finden. Das war der totale Schock für mich.«

Der dritte Zufall. Beate wehrte sich gerichtlich und durfte zum Glück auf dem Hof bleiben, bis sie etwas Neues für ihre Lamas gefunden hatte.

»Ich habe gekämpft, und das war gut so! Ein Kooperationspartner hat mir dann den entscheidenden Tipp für eine neue Bleibe gegeben. Wieder hier im Herzen des Ruhrpotts, im Gesundheitspark Nienhausen, an der Kinderburg. Die Umstellung war erst richtig schwierig, aber im Nachhinein kommt es mir wie eine wunderbare Fügung vor. Hier fühlen sich die Lamas und ich richtig wohl.«

Beates Tipps für Menschen, die ihre Träume verwirklichen wollen:

- Du brauchst Mut, ungewohnte Pfade einzuschlagen. Einzigartigkeit, die deinen Talenten und Fähigkeiten entspricht. Und Begeisterungsfähigkeit als Herzensfeuer.
- Träume haben ihren Ursprung immer im Herzen. Das erkennst du daran, dass dein Herz unheimlich berührt wird, es wird leicht, weit, hell. Das sind fühlbare Indizien, woran du erkennen kannst, dass es das Richtige ist.

- Nicht alles sofort stehen und liegen lassen. Gönn dir die Zeit zum Nachdenken, nutze die Zeit, um Herz und Verstand in Einklang zu bringen.
- Reduziere allen Stress, der dich daran hindert, deinen Traum zu verwirklichen.
- Nutze die Chancen, die sich dir bieten!

Welche Chancen sieht sie selber noch? Während Beate von ihren Zukunftsplänen erzählt, dass sie vor allem als Coach sichtbarer werden möchte, hat sich Hannibal ganz unauffällig uns und der Kamera genähert. Jetzt läuft er gemächlich an der Kamera vorbei, Beate wird plötzlich unsichtbar – und Hannibal bleibt mitten zwischen uns stehen. Er steht, er rührt und rappelt sich nicht. Beate und ich brechen in Gelächter aus. Er guckt uns ganz ruhig mit seinen großen, warmen Lama-Augen an, als wolle er signalisieren, jetzt ist es genug. Sie schiebt Hannibal sanft auf die Seite.

»Ich möchte nicht nur als ›Die mit den Lamas‹ gelten, sondern als Autorin, Trainerin und Coach sichtbar werden, als Herzbegleiterin.«

Beate hat ihre Glückstrommel mit weiteren Zufallschancen gefüllt: Ihr erstes Buch mit dem Titel *Das Herz – unser Glücksmuskel* ist gerade erschienen. Beate will aber noch mehr:

»Ich habe eine ganz große Vision, dass Menschen, Tiere und Natur wieder in Harmonie und Frieden leben. Hört sich vielleicht pathetisch an, aber es ist die Utopie, mit der ich hoffentlich nicht alleine bin.«

Vielleicht teilen Sie ja zufällig diesen Wunsch und fühlen sich angesprochen? So können Koalitionen entstehen.

»Zufällig« habe ich noch eine hübsche Zufalls-Geschichte für Sie:

Neulich sitze ich im Hotel-Restaurant und zwei Damen einige Tische weiter prosten mir plötzlich zu: »Schön, Sie hier zu treffen, Frau Asgodom.« Es stellt sich heraus, dass die eine, Claudia, mich vor Jahren bei einem Vortrag in Kärnten anmoderiert hat. Ich bin müde, habe den ganzen Tag geschrieben und keine Lust zum Reden. Ich schlage vor, am nächsten Morgen gemeinsam zu frühstücken.

Am nächsten Morgen nehme ich den Damen als kleines Mitbringsel eine Duftprobe meines eigenen Parfüms mit (meine Parfüm-Geschichte finden Sie auf www.sweet-success.de). Wir unterhalten uns angeregt. Es stellt sich heraus, dass Claudia eine Geschenkboutique am Millstätter See hat, 30 Minuten vom Hotel entfernt. Sie schlägt vor, mein Parfüm dort zu verkaufen.

Fast zwei Jahre lang habe ich mich bemüht, Vertriebspartner zu finden – ohne Erfolg (okay, ich habe es nur halbherzig versucht). Jetzt, als ich vor der Entscheidung stehe, darin zu baden, bis ich 90 werde, bekomme ich durch Zufall dieses Angebot! Zufall hin, Chance her – wieder geht es darum, einen aktiven Part in solchen Situationen zu übernehmen:

- Vorsichtshalber habe ich ein Paket mit Parfüm-Flakons und Proben in meinen Buchschreib-Urlaub mitgenommen. Gib dem Zufall eine Chance.
- Ich habe mich auf die Tischnachbarinnen eingelassen, obwohl ich eigentlich meine Ruhe wollte. Es war ein Impuls gewesen, ihnen das gemeinsame Frühstück vorzuschlagen.

Sie denken, das wär's gewesen? Halten Sie sich fest:
Bepackt mit zwölf Parfüm-Flakons und einer Menge Duftproben für Claudia, treffe ich im Aufzug auf einen Hotelgast, eine Dame in Wanderausrüstung, die interessiert mein Päckchen anschaut und mich fragt, ob es das Parfüm im Hotelshop

zu kaufen gäbe. Ich verneine, stottere herum, schenke ihr aber eine Probe. Sie sprüht es sofort auf und murmelt Anerkennung. Fünf Minuten später – ich habe Claudia gerade das Paket übergeben – kommt die Frau auf mich zu und sagt: »Ich würde die Probe gern meinem Einkauf weitergeben.« Sie arbeite nämlich für eine Parfümeriekette in Nordrhein-Westfalen mit 170 Filialen. Das gibt's nicht, oder?

Ich flehe sie an, sich drei Minuten nicht vom Fleck zu rühren. Der Aufzug kommt nicht, deshalb hechte ich die Treppe zu meinem Zimmer rauf. Ich schnappe mir einen Flakon, das Buch zum Duft und meine Visitenkarte. Treppe wieder runter. Sie steht in der Halle, abmarschbereit zur Bergwanderung, mit Bruder und Schwägerin. Sie freut sich, bedankt sich, schnuppert wieder an ihrem Arm. »Mhm. Wir suchen immer wieder mal etwas Außergewöhnliches.« Das kann doch kein Zufall sein!

Ich weiß nicht, was daraus wird. Vielleicht bleibt es nur eine hübsche Geschichte über Zufälle, vielleicht wird es mehr. Zufälle machen einfach Spaß – sie sind »die Kirsche auf den Schokostreuseln auf der Sahne auf der Torte«, wie mein Freund Jon Christoph Berndt zu sagen pflegt.

Die Erkenntnis daraus: Wollen Sie Ihre Träume leben, sollten Sie nicht nur auf Zufälle achten, sondern Sie auch nutzen:

- Folgen Sie spontanen Impulsen.
- Reden Sie über Ihre Träume.
- Seien Sie neugierig auf Menschen.
- Stellen Sie sich das Unmögliche vor.

Dann können unglaubliche Dinge geschehen. Und der Zufall kann zu Ihrem Verbündeten werden.

Das Selbstbild stärken

»Es ist menschlicher, über das Leben zu lachen,
als darüber zu jammern.«

Seneca

Denken Sie auch manchmal, dass das Leben so viel einfacher sein könnte, wenn das Schicksal ein bisschen gnädiger mit Ihnen gewesen wäre? Wenn Ihre Eltern anders gewesen wären, wenn die Lehrer Sie nicht verkannt hätten? Wenn Sie mit einem finanziellen Polster ins Leben hätten starten können oder wenigstens einen Mentor gehabt hätten, der Ihnen die eine oder andere Tür geöffnet hätte …?

Ich selbst verfalle von Zeit zu Zeit minutenweise in solch tiefes Selbstmitleid, fühle mich wie das ärmste Kind der Welt. Dann fange ich innerlich an zu jammern: »Warum muss es immer so schwer sein? Warum kann nicht einfach mal was leicht sein und von selber laufen? Warum bekomme ich nicht einfach mal was geschenkt? Oder was erben wäre auch toll. Wenn ich sehe, wie andere Häuser, Grundstücke, Aktien vererbt bekommen! In meiner armen schlesischen Flüchtlingsfamilie gab es nix zu erben. Alles muss ich selbst erarbeiten. Ich werde noch bis 90 arbeiten müssen. Und meine unglückliche Kindheit hängt mir auch noch nach. Wenn ich da richtig gefördert worden wäre, was hätte nicht alles aus mir werden können …«

Spätestens an dieser Stelle tippe ich mir selbst an die Stirn und befehle mir: »Jetzt komm mal wieder raus da. Du hast sie wohl nicht mehr alle!« Ich weiß, dass nach außen in meinem Leben alles wunderbar scheint. Mir hat mal ein Zuhörer nach einem Vortrag gesagt: »Frau Asgodom, Sie können leicht reden. Sie haben es ja immer gut gehabt in Ihrem Leben.« Ich habe zurückgefragt: »Woher wissen Sie das?« Er: »Ja, Sie sind ja immer fröhlich.« Ich: »Könnten Sie sich vorstellen, dass ich fröhlich bin, weil es mir im Leben schon ganz oft ziemlich mies gegangen ist?«

Auch wenn sich Träume erfüllen, bedeutet das nicht automatisch immerwährendes Glück. Es ist ein Irrglaube, dass es erfolgreiche Menschen immer ganz leicht hatten oder haben. Seit ich ehrlich über dieses Thema spreche, habe ich faszinierende Geschichten von Menschen gehört, die ihr Erfolgsgesicht abgesetzt und ihr wahres Selbst gezeigt haben, mit aller Verletzlichkeit, allen Sorgen, mit dem Wissen, dass unser Wohlleben auf einem schmalen Grad balanciert.

Und ich höre Geschichten von Kindheiten, die meine »Icharmes-Kind-aus-einer-Lehrersfamilien-Saga« auf die weiter hinten liegenden Ränge des »Mit-welchen-Chancen-wurde-ich-in-die-Welt-geboren?«-Rankings verdrängen.

Das Beispiel Edgar:
Vom Weglaufen zum Schnelllaufen

Zum Beispiel Edgar. Edgar war anders als die anderen Kinder in seinem kleinen hessischen Dorf. Seine Geschwister sahen anders aus als er und die Nachbarn machten Bemerkungen über seine alleinerziehende Mutter. Seinen Vater, einen dunkelhäutigen amerikanischen GI, hat er nie kennengelernt. Sein Großvater kümmerte sich um ihn, er lebte in einem baufälligen Fachwerkhaus. Edgar war das einzige farbige Kind in der ganzen Gegend. Es brauchte Ende der 1960er-Jahre in Deutschland nicht viel mehr, um der »Bankert« zu sein, der Außenseiter, den die Nachbarskinder anfangs hänselten und später auf dem Schulweg verprügeln wollten.

◐ Edgar erzählt:

»Ich war ein ganz dürres Kind. Ich wollte immer laufen, laufen, laufen. Wir haben in der Altstadt gewohnt mit Kopfsteinpflaster, und da bin ich oft hingefallen und habe mir die Knie aufgeschlagen. Auch deswegen, weil ich immer zwei Nummern zu große Schuhe tragen musste, weil meine Mutter Schuhe immer auf Zuwachs gekauft hat. Wir waren wirklich arm. Wenn die Schuhe endlich gepasst haben, waren sie dann auch meist kaputt. Meine Mutter hatte Angst, wenn ich mal hinfalle, dann breche ich mir die Knochen, und dann reden die Menschen bei uns im Dorf noch mehr über sie als Rabenmutter. Sie hatte es eh schwer, da ich ja keinen Vater hatte, das war damals die halbe Katastrophe.«

Also bat die Mutter ihren Vater, der im Sportverein aktiv war, mit seinem dreijährigen Enkel auf den Sportplatz zu gehen, da konnte er so viel laufen, wie er wollte, und ruhig auf dem weichen Rasen auch einmal hinfallen. Das hat der pensionierte Großvater dann auch jahrelang gemacht. Als Edgar sieben Jahre alt war, sagte sein Opa: »Jetzt machen wir einen Wettkampf«. Edgar wusste gar nicht, was ein Wettkampf ist. Sein Großvater erklärte: »Du läufst gegen andere Kinder und versuchst zu gewinnen, also der Schnellste zu sein.« Aha, da wusste Edgar, was ein Wettkampf ist. Aber wie sollte er das machen – gewinnen? Und woher sollte er wissen, wo er entlanglaufen sollte? Der Großvater hatte auch da einen klugen Satz parat: »Lauf einfach hinter dem Schnellsten her, der kennt den Weg.«

Edgar ist also losgelaufen in seinen zerschlissenen Turnschuhen und hat sich hinter den schnellsten Jungen gehängt. Es ging über Wiesen, durch den Wald, Edgar immer dem Ersten hinterher. Die beiden waren bald weit voraus. Und am Schluss hat Edgar gewonnen. Es war ja schließlich ein Wettkampf.

Dass er schnell laufen konnte, hat ihm hinterher noch oft geholfen, wie er mir erzählt: »Immer wenn die anderen Jungs mich verprügeln wollten, war ich schneller.«

Edgar Itt, so sein vollständiger Name, wurde Hochleistungssportler. Er war der erste farbige Spitzensportler in einer deutschen Olympia-Leichtathletik-Mannschaft. Der 400-Meter-Hürdenläufer und Staffelläufer über 400 Meter wurde Deutscher Meister und gewann 1988 bei den Olympischen Spielen in Seoul die Bronze-Medaille in der 4-mal-400-Meter-Staffel. Nach seiner sportlichen Laufbahn studierte er BWL und arbeitete als Diplom-Kaufmann im Marketing. Heute ist er gefragter Redner und Mentalcoach.

Ich treffe Edgar Itt in seinem Reihenhaus in der Nähe von München, in dem er mit seiner Frau und seinem kleinen Sohn wohnt. Auf der Terrasse lädt er mich erst mal zu Pflaumenkuchen und Sahne ein (er hatte sich bei mir im Büro erkundigt, welchen Kuchen ich mag) und serviert eine sensationell aufgeschäumte Latte macchiato – seine Spezialität, wie er erzählt (er hat offensichtlich viele Talente). Kennengelernt haben wir uns vor Jahren auf einem Kongress, auf dem wir beide eine Rede gehalten haben. Wir haben uns dort gegenseitig gehört und sofort gemocht.

Edgar ist ein feinfühliger Mensch, der Menschen liebt und achtsam mit Worten umgeht. Das beweist er täglich in Vorträgen, Seminaren und vielen Einzelcoachings. Bei den Olympischen Spielen 2012 in London begleitete er die deutschen Leichtathleten als Mentalcoach. Er erzählt:

»Es ist meine Leidenschaft, Menschen zu begleiten, sie zu begeistern, sie zu inspirieren, sie zu emotionalisieren, sie zu sensibilisieren zu den Dingen, die ihnen wichtig sind. Ich bin dankbar für die wunderbare Tätigkeit, die mich jeden Tag erfüllt.«

Edgar Itt weiß, wie man Träume umsetzt. Mit 17 hatte er selbst einen großen Traum:

»Ich sah im Fernsehen die Olympischen Spiele 1984 in Los Angeles. Ich war jede Nacht lange auf, durch die Zeitverschiebung waren die interessanten Veranstaltungen ja immer mitten in der Nacht bis zum frühen Morgen. Besonders gern sah ich natürlich die Läufer. Und dann saß ich völlig fasziniert in der letzten Nacht vor der Übertragung der Schlusszeremonie der Spiele. Dort hat unter anderem Lionel Richie gesungen, ein großer, dünner, schwarzer, amerikanischer Sänger, den ich zuvor noch nie gesehen hatte. Er sang »All night long«, ein Lied, das heute noch ein Hit ist. In dieser Nacht habe ich mir vorgenommen, ich möchte bei den nächsten Olympischen Spielen dabei sein. Und, ehrlich, vor allem deswegen, weil ich dachte, ich könnte dort Lionel Richie kennenlernen. Ich dachte, der singt nur dort. Da merkst du, dass ich auf einem Dorf groß geworden bin und sehr naiv war.«

Der Traum von Olympia bestimmte in den nächsten Jahren Edgars Leben. Er war aufgewühlt von der Vorstellung, in einem Olympiastadion zu laufen. Er hat es sich, wie er selber sagt, »in der Tiefe meines Herzens« gewünscht. Auch in diesem Moment, wenn er darüber spricht, spüre ich diese starke Emotionalität. Sie durchflutet seinen ganzen Körper. Also, wie ist er seinem Traum hinterhergelaufen?

»Ich habe in den nächsten Tagen natürlich allen meinen Freunden und Kumpels davon erzählt: ›Glaubt mir, ich werde bei den Olympischen Spielen 1988 laufen.‹ Die Reaktion hat mich total enttäuscht. Die sahen mich nur skeptisch an. Ich habe es dann natürlich auch in meinem Dorfverein erzählt. Ich war damals schon recht gut im Laufen. Aber die meisten Sportkollegen haben abgewiegelt: ›Das geht doch gar nicht, schau mal, du läufst noch lange nicht schnell genug. Das reicht niemals für Olympia.‹ Meine Euphorie schwand so schnell, wie sie gekommen war. Damals habe ich noch auf alles Negative gehört und war total verunsichert.

Mein Großvater war damals schon 83 Jahre alt. Am Mittagstisch fragte er mich: ›Edgar, warum bist du so traurig?‹ Ich habe ihm von meinem Traum erzählt, aber dass so viele gesagt hätten, das würde ich niemals schaffen. Er erwiderte: ›Weißt du noch, vor zehn Jahren, als du deinen ersten Wettkampf gewonnen hast? Da habe ich schon an dich geglaubt, und du noch nicht einmal an dich. Und du hast diesen Lauf gewonnen. Heute bin ich viel älter und ich glaube immer noch an dich. Und du glaubst inzwischen auch an dich. Und du lässt dich von den anderen beirren?‹ Er war nicht nur sportbegeistert und mein erster Trainer, sondern er war auch ein sehr liebevoller, weiser Mann, der erste Mentor, den ich hatte.

Dann sagte mein Großvater: ›Junge, wir haben nicht viel Geld, ich kann dir nicht einmal ein Flugticket nach Amerika kaufen, damit du bei einem guten Trainer trainieren könntest. Aber ich gebe dir etwas, was man mit Geld nicht bezahlen kann. Ich lass dich an meinen Erfahrungen teilhaben.‹

Er nahm einen Zettel, der auf dem Küchentisch lag, und einen Stift. Als Erstes kam die Überschrift, da stand das Wort ›Vision‹. Darunter schrieb er in seiner altdeutschen Schrift drei weitere Worte:

›Ziele‹. Er sagte, du musst irgendwann eine Leistung bringen, du musst die für Olympia geforderte Zeit laufen. Dafür musst du mehr trainieren.

›Training‹. Dazu sagte er, du musst entweder mehr oder anders trainieren. Denn du läufst seit zwei, drei Jahren immer die gleiche Zeit. Du musst etwas verändern.

Dann schrieb er noch das Wort ›Echtsein‹. Ich wusste nicht, was er genau damit meint. Und er sagte, bleib immer so, wie du bist. Denk immer daran! Dann zog er einen Kreis um die drei Worte und …«

Edgar kann nicht weitersprechen, die Erinnerung an seinen Großvater überwältigt ihn, ihm kommen die Tränen. Nach einigen Minuten hat er sich wieder gefasst.

»Mein Großvater hat immer an mich geglaubt. Was habe ich aus seinen Erkenntnissen gemacht? Die Vision war klar, die Ziele waren eigentlich auch klar, ich wusste ja, wie schnell ich laufen musste, um überhaupt bei Olympia dabei zu sein. Jetzt ging es nur noch darum, wie ich es umsetze. Training – ich wusste, dass ich von heute auf morgen nicht doppelt so viel trainieren konnte. Deshalb habe ich mir zusammen mit Großvater überlegt, welcher Verein könnte mir dabei helfen, die geforderte Leistung zu bringen?«

Edgar hat sich einen neuen Verein gesucht, und zwar den, bei dem der damals beste 400-Meter-Hürdenläufer Deutschlands trainierte. Dieser Verein war glücklicherweise nur 25 Kilometer von seinem kleinen hessischen Dorf entfernt, es war der TV Gelnhausen. Dieser Verein hatte eine der Ikonen der deutschen Leichtathletik in seinen Reihen, Harald Schmid, über zehn Jahre der schnellste Hürdenläufer Europas und der zweitschnellste der Welt nach dem Jahrhundert-Läufer Edwin Moses.

»Sein Trainer hat mich tatsächlich unter seine Fittiche genommen. Ich bin zweimal in der Woche dorthin gefahren. Ich habe total viel gelernt, neben Techniken und Methoden zum Beispiel auch, was gesunde Ernährung für einen Sportler ist.

Aber was mich am meisten vorangebracht hat, war die Gemeinschaft mit den anderen Sportlern, das waren Topleute, die in ihrer Disziplin super waren. Zu denen habe ich hochgeschaut und allein dadurch viel gelernt. Das hat mich motiviert. Nach zwei Jahren war ich der schnellste 19-Jährige in der Welt über 400 Meter Hürden.«

Edgar legt seine Hände zusammen, man sieht, wie er sich erinnert. Dann sagt er ganz ruhig:

»Die Trainer haben mir einmal die Freude, an dem, was ich liebte, erhalten. Sie forderten mich aber natürlich auch. Sie sagten, wenn du noch weiterkommen willst, dann müssen wir jetzt deine Technik ändern. Du musst mit dem anderen Bein über die Hürden laufen, wenn du bei Olympia dabei sein willst. Ich musste also vom rechten auf das linke Bein umschulen, mit dem ich zuerst über die Hürde lief, um die Kurven bei einem 400-Meter-Hürdenlauf besser nutzen zu können. Das ist so ähnlich, wie wenn du einem 19-Jährigen sagst, du schreibst ab sofort mit deiner anderen Hand, weil das schneller geht und schöner aussieht. Und das innerhalb von anderthalb Jahren.

Wir haben das also umgestellt. Es war nicht einfach, gewiss nicht, aber es ging immer besser. Und meine Zeit wurde noch einmal schneller. Mein Trainer gab mir eine Weisheit fürs Leben mit, er sagte: ›Edgar, du musst etwas ändern, solange es dir gut geht. Wenn du merkst, dass das, wie du etwas machst, dich nicht dahin bringt, wohin du gerne gelangen möchtest, dann ändere etwas.‹«

Ich möchte von Edgar wissen, ob er diese Erkenntnis heute in seiner Arbeit mit Sportlern und Führungskräften anwendet. Er lacht:

»Ja, ich frage heutzutage als Coach oder Trainer meine Teilnehmer immer: ›Wann gehen Sie zum Zahnarzt? Gehen Sie erst dann, wenn es wehtut, oder gehen Sie rechtzeitig zur Kontrolle?‹ Viele gehen erst, wenn es wehtut. Deshalb rate ich Menschen, rechtzeitig nachzudenken, ob sie etwas ändern können, damit sich ihr Leben qualitativ verbessert.«

Edgar hat sich damals also antrainiert, immer mit dem linken Bein zuerst die Hürden anzulaufen. Mit Erfolg. 1986 wurde er in die deutsche Leichtathletik-Mannschaft berufen. Bald war er der zweitschnellste Läufer in Deutschland – nach seinem großen Vorbild Harald Schmid – und durfte zu internationalen Wettkämpfen mitfahren. Dann kam die Nominierung für Olympia 1988 in Südkorea. Edgar strahlt, wenn er davon erzählt:

»Ich habe tatsächlich die Olympianorm geschafft, ein großer und glücklicher Moment für mich. Der erste Schritt zu meinem Wunschtraum war getan – ich würde bei den Olympischen Spielen in Seoul als Teilnehmer ins Stadion einmarschieren. Die Mannschaft traf sich in Frankfurt, wir bekamen unsere Olympia-Ausstattung, das war wie ein Orden. Ab diesem Zeitpunkt bist du fest drin, und zwei Wochen später ging es schon mit dem Flieger nach Seoul in Südkorea. Das olympische Dorf war aufregend, wunderschön, spannend. Es waren so viele Teilnehmer aus so vielen Nationen wie nie zuvor in der Geschichte der Olympischen Spiele dabei. Aber alles war sehr groß, es war für mich ziemlich schwierig, mich zu akklimatisieren. Dann wurde es ernst. Frühmorgens war der erste Vorlauf angesetzt, für Läufer eine unchristliche Zeit. Ich war total aufgeregt, die ganzen Sicherheitsvorkehrungen mit Security, Hubschraubern, dann das Aufwärmen, dann pünktlich am Start sein, auf die Sekunde genau musste alles ablaufen.«

Stellen Sie sich vor, Sie kämen als knapp 20-jähriger Sportler das erste Mal in ein Olympiastadion, ein riesiges Stadion mit 100 000 Zuschauern. Und Sie wissen, das ist jetzt kein Fernsehen mehr, es ist die Wirklichkeit. Sie sind jetzt selbst im Fernsehen. Und Sie wissen: Ihr Traum, der sich vor drei Jahren vor einem Fernsehgerät manifestiert hat, der hat sich erfüllt. Spüren Sie das Kribbeln, den Anflug von Angst, aber auch Erwartung – und ein einziges großes Staunen in sich?

Für Edgar war es ein überwältigendes Erlebnis:

»Ich konnte mich beim Einlaufen im Stadion für eine ganze Weile gar nicht spüren. Wir sprechen ja über Wunschträume, da ist man auch manchmal in so einer Hülle. Man fragt sich, ist es Wirklichkeit oder Fiktion? Und du denkst, piekst mich mal bitte einer. Ist es wirklich wahr, bin ich jetzt wirklich hier? Ich habe tatsächlich halb in Trance meinen Vorlauf geschafft und kam in den Zwischenlauf. Den habe ich auch überstanden, kam als Letzter in den Endlauf. Was immer andere gedacht haben mögen – ich war glücklich: Hallo, ich Edgar, aus einem kleinen hessischen Dorf, das einzige schwarze Kind weit und breit, ich war einer der acht besten Hürdenläufer der Welt! Das war schon mal die Sahne auf meinem Traum. Im Endlauf wurde ich dann Achter. Ich war sehr zufrieden. Meine Trainer auch.«

Die Kirsche auf der Sahne kam dann ein paar Tage später durch die Bronzemedaille mit der 4-mal-400-Meter-Staffel, in der Edgar ebenfalls mitlief. Edgar strahlt den Stolz darüber aus, als er sagt:

»Für einen Athleten ist das Größte, was dir jemals widerfahren kann, eine Olympiamedaille. Denn diesen Titel verlierst du nie mehr. Es gibt Ex-Europameister und Ex-Weltmeister, aber es gibt keine Ex-Olympiamedaillengewinner. Es ist ein Titel wie ein Adelstitel, den du nie verlierst.«

Und, hat denn Lionel Richie in Seoul wieder gesungen? Edgar lacht sich fast kaputt und japst:

»Nein, natürlich nicht. Aber, du wirst es nicht glauben. Ich habe ihn später wirklich kennengelernt, auf einem Ball des Sports. Nach seinem Auftritt ist Lionel Richie von der Bühne direkt auf mich zugekommen, es war ein Erlebnis der dritten Art, und hat mich begrüßt: ›Hi, my German brother‹. Ich war genauso aufgeregt wie als 17-Jähriger. Seitdem habe ich von seinem Management zu jedem seiner Konzerte in Deutschland Karten bekommen und treffe mich hinterher jedes Mal backstage mit Lionel. Auch dieser Traum ist wahr geworden!«

Edgar strahlt übers ganze Gesicht und sieht wieder aus wie 17. In dem Augenblick kommen seine Frau Ariane, eine bezaubernde Sängerin, und der kleine Sohn, gerade anderthalb, nach Hause. Edgars Sohn ist sehr groß für sein Alter und ziemlich dünn. Und mein Herz geht auf, als ich sehe, wie der »kleine Edgar« dem großen lachend entgegenläuft – »Papa!«.

Was möchte Edgar Menschen mitgeben, die ebenfalls ihre Lebensträume erreichen wollen? Er setzt sich auf, überlegt kurz und sagt mit großer Überzeugungskraft:

- Glaub an dich, bleib du selbst und nutze die Chancen, die sich dir bieten.
- Erzähl vorher nicht zu vielen Menschen von deinem Ziel. Denn es gibt welche, die dir deinen Traum garantiert verwässern werden.
- Fülle deinen Traum immer wieder emotional auf. Schließ die Augen und stell dir vor, wie es ist, wenn du dein Ziel erreicht hast.
- Denk nicht im Mangel – ich habe es nicht, aber ich will dahin –, sondern in der Fülle – ich weiß, dass ich es schaffe, ich brauche nur noch den Weg dorthin.
- Lies Geschichten von Menschen, die schon etwas erreicht haben. Mein Großvater hat mir als kleinem Jungen von Jesse Owens erzählt, dem schwarzen Amerikaner, der 1936 bei den Olympischen Spielen in Berlin vier Goldmedaillen gewonnen

hat. Jesse Owens hat etwas gesagt, was ich nie vergessen werde: »One chance is all you need.« Du brauchst nur eine Chance. Was er damit sagen wollte: Nutze jede Chance, die du bekommst.

- Oder denk an Wilma Rudolph – sie hatte als junges Mädchen Kinderlähmung und hat später als Läuferin drei Goldmedaillen bei Olympia gewonnen.
- Verlier niemals die Zuversicht! Du darfst auch mal Zweifel haben, den Weg verändern. Aber mit Zuversicht hast du die Chance, dein Lebens-Rennen zu gewinnen.
- Wenn sich dein Traum erfüllt, halte diesen Moment, dieses Gefühl fest, verinnerliche ihn, er ist unwiederbringlich.
- Alles, was du brauchst, um deinen Traum Wirklichkeit werden zu lassen, steckt in dir drin. Der Traum, der sich erfüllt, kommt aus dir heraus!

Grundlagen
für ein geglücktes Leben

Während ich über Edgar Itt schreibe, läuft im Fernsehen die Leichtathletik-Weltmeisterschaft in Peking. Immer wenn ein Lauf angekündigt wird, schaue ich kurz zu. Meine Hochachtung für die Sportler wächst. Und ich denke: Warum respektieren wir nur die Gewinner, warum ist jeder vierte Platz schon ein Scheitern in der öffentlichen Meinung? Warum achten wir nicht die Sportler, die ihr Bestes geben, auch wenn es im Weltvergleich nicht das Allerbeste ist?

Und ich ziehe den Vergleich zu unseren eigenen Anstrengungen, ein geglücktes Leben zu führen. Ich glaube, dass wir unsere Erfolge oft viel zu gering schätzen, uns selbst unter-, unsere Fehler überschätzen und uns selbst die schlimmsten Kritiker sind. Uns fehlt oft das rechte Maß: Wir messen uns an überzogenen Erfolgsmaßstäben, die uns nur demotivieren können. Damit stellen wir unseren Träumen selbst ein Bein. Denn die Forschung hat gezeigt, dass unser Lebenserfolg zu einem großen Teil von dem Selbstbild abhängt, das wir von uns haben.

Die amerikanische Psychologie-Professorin Carol Dweck hat das an Schülern untersucht und bewiesen: Je mehr ein Schüler, eine Schülerin an sich glaubt, desto besser sind die schulischen Ergebnisse und der weitere Lebensweg. Und sie hat das Gleiche an Erwachsenen beobachtet. Sie schreibt in ihrem Buch *Selbstbild*: »Unser Selbstbild entscheidet weitgehend über unseren Erfolg.«

Ihre Studie wird von vielen anderen Wissenschaftlern aus dem Bereich der Positiven Psychologie gestützt, zum Beispiel von Professor Martin E. Seligman. Ich habe hier fünf Grundlagen für ein »geglücktes Leben«, wie er es nennt, aus seinem Buch *Flourish* zusammengefasst (bitte entschuldigen Sie, dass ich Sie im Folgenden duze, aber in der Sie-Form klingen diese Grundlagen einfach zu belehrend).

1. Erkenne deine Stärken

Schau auf das, was du kannst, was du schon gemacht hast, was du gerne machst und was dir leichtfällt. Beherzige den Spruch »Immer wenn du sagst, das ist doch ganz einfach, dann bist du deinem Genie am nächsten«. Wenn es dir schwerfällt, auf Anhieb deine Stärken zu erkennen und zu schätzen, beginne eine Liste und schreibe über einige Tage hinweg auf, was dir dazu einfällt. Frage auch Freunde oder deine Familie, was sie in dir erkennen, was sie beobachten. Schreib auch das auf. Wir leben in einer Zeit der Selbstoptimierung, in der erwartet wird, dass wir immer perfekter werden, unser Leben einer allgemeinen

Norm anpassen, sei es Lebensstil, Gesundheit oder Bewegung. Ich plädiere mehr für die Selbstakzeptanz. Sie beinhaltet die Versöhnung mit dir selbst, so wie du bist, so wie du lebst, mit deinen Vorlieben und Abneigungen.

2. Erzeuge und genieße positive Gefühle

Der Mensch braucht positive Gefühle, um kreativ sein zu können, Ideen zu entwickeln und umzusetzen. Denn, so hat die Forschung ergeben (in meiner freien Übersetzung): »Stress macht blöd!« Deswegen müssen wir uns immer wieder schnell aus solchen Mitleidsfallen befreien, die ich am Anfang dieses Kapitels geschildert habe. Wie erzeugen wir gute Gefühle? Die Wissenschaft hat einfache, klare Antworten: Mach anderen eine Freude. Gönne dir Genuss. Spüre Dankbarkeit für das, was ist, und sag anderen Danke. Das macht erwiesenermaßen glücklich. Und macht dich ganz nebenbei zu einem noch verträglicheren Zeitgenossen.

3. Finde Sinn im Tun

Wenn du weißt, wofür du etwas machst, brauchst du weniger Energieaufwand, als wenn das, was du tust, sinnlos erscheint. Also überleg dir, warum mache ich das, was ich tue? Warum entscheide ich mich dafür, es zu tun? Was habe ich davon, es zu tun? Niemand tut etwas ohne Grund. Wenn du also am Alten festhältst, muss es gute Gründe dafür geben. Manchmal erleichtert es uns zu erkennen, dass wir im Augenblick keine stärkere Alternative haben. Wenn du keine positive Antwort findest, warum du etwas beibehalten solltest, ist es vielleicht Zeit, etwas zu ändern. Nämlich das zu finden, das du wirklich gerne tun möchtest.

4. Erlebe Flow-Momente

Wir brauchen Mußestunden, um auf kreative Ideen zu kommen. In der Hektik des Alltags fällt es schwer, Träume zu benennen und sich zu überlegen, wie wir sie umsetzen könnten. Muße finden wir, so Martin Seligman, wenn wir Dinge um ihrer selbst willen tun. Also zum Beispiel versonnen Unkraut im Vorgarten rupfen oder beseelt kochen; wenn wir bei einer spannenden Arbeit die Zeit vergessen oder im Beisammensein mit lieben Menschen plötzlich auf die Uhr schauen und ausrufen: »Liebe Güte, schon so spät!« Auch Langeweile kann zu einer guten Freundin des Flow werden. Probier es doch einmal aus: Sag ein Treffen mit Freunden oder der Familie ab und bleib einfach allein zu Hause, ohne Fernsehen, ohne Computer, ohne Telefon. »Pütscher rum«, wie die Norddeutschen sagen, guck mal, was dich anzieht. Eine gute Möglichkeit für Gedanken, die sonst nicht zu dir vordringen, Hallo zu sagen. Lass die Gedanken schweifen, ohne sofort zu werten oder eine Lösung zu suchen.

5. Baue gute Beziehungen zu anderen Menschen auf

Dieser Punkt trägt am stärksten zu einem geglückten Leben bei, sagen alle Forschungsergebnisse. Deshalb trau dich, Kontakt mit Menschen aufzubauen und zu pflegen, die du magst, die dir guttun. Kennst du das auch, dass du dich in Stresssituationen als Erstes von deiner Hauptenergiequelle abnabelst – nämlich weniger Zeit mit lieben Menschen verbringst? Der Akku leert sich, aber du findest keinen Weg, ihn wieder aufzuladen. Der Mensch braucht den Menschen, damit es ihm gut geht.

Zum Schluss des Kapitels hier noch einige Impulse, die Sie inspirieren sollen, Ihr Selbstbild noch besser und liebevoller zu zeichnen:

1. Schreib mindestens drei körperliche Dinge auf, die du an dir magst (es dürfen auch 20 sein …).
2. Schreib mindestens drei Charaktereigenschaften auf, die du an dir magst (dito).
3. Schreib mindestens drei Dinge auf, die dir im Leben gut gelungen sind. Es können berufliche Erfolge sein, aber auch persönliche Erlebnisse, Entscheidungen, Handlungen. (Es gibt keine Grenze nach oben.)

Zum Thema Beziehungen ebenfalls drei Impulse, die Sie inspirieren sollen:

1. Schreib auf, welchen Menschen du toll findest – und warum.
2. Schreib auf, welchen Menschen du gern besser kennenlernen würdest.
3. Schreib den Namen eines Menschen auf, von dem du gerne etwas lernen würdest.

Und dann überlegen Sie, wie Sie es schaffen können, Ihre Ideen dazu umzusetzen. Wie hat Edgar Itt es beschrieben:

»Am meisten hat mich die Gemeinschaft mit Topleuten vorangebracht, die in ihrer Disziplin super waren.«

Manche Träume
lieben uns nicht zurück

»Nenn dich nicht arm,
weil deine Träume nicht in Erfüllung gegangen sind.
Wirklich arm ist nur der, der nie geträumt hat.«

Marie von Ebner-Eschenbach

Ist das nicht ein wunderbarer Titel: »Manche Träume lieben uns nicht zurück«. Was für eine poetische Umschreibung für das Thema Träume und Misserfolge. Er bezieht sich auf ein Zitat von Ildikó von Kürthy, der bekannten Schriftstellerin und Journalistin. Ich habe sie in ihrem Stadthaus in Hamburg getroffen, weil ich wissen wollte, was sie über Sehnsucht und Lebensträume denkt. Denn dieses Thema durchfließt alle ihre Bücher, Kolumnen und Artikel. Sie sagte: »Ich bin immer auf der Suche nach Sehnsüchten, meinen eigenen und denen anderer. Und ich lebe ein Leben, in dem relativ viele Träume wahr geworden sind. Aber manche eben auch nicht.«

Vielleicht erinnern Sie sich auch an solche Träume, die Sie nicht »zurückgeliebt« haben:

- Sie sind ins Stocken geraten.
- Die Träume haben sich irgendwie verflüchtigt.
- Sie haben sich nicht erfüllt.
- Sie haben den Traum zwar erreicht, aber festgestellt, so toll ist es gar nicht.

- Die Träume waren mit viel mehr Arbeit verbunden, als Sie sich vorgestellt hatten.
- Die Träume hatten eine Schattenseite, die Sie vorher nicht gesehen oder bedacht hatten.
- Der Traum war nur ein Pseudotraum, der eher von anderen kam als aus Ihrer Sehnsucht.
- Der Traum war schlichtweg größenwahnsinnig.
- Sie haben sich leider ein bisschen überschätzt.

War der Traum wirklich das, was wir uns erträumt haben?

Mir fallen auch sofort solche Träume ein. Nur zwei Beispiele:

Ich habe als Kind und Schülerin sehr gern gemalt. Mit Mitte 40 habe ich wohl mal im Familienkreis geseufzt: »Ach, ich würde so gern wieder malen. Aber ich habe ja keine vernünftigen Malutensilien.« Was machen meine lieben Kinder? Sie schenken mir zum Geburtstag eine Staffelei, feines Papier, teure Aquarellfarben, edle Pinsel. Ich habe mich erst total darüber gefreut. Wirklich. Oh, wie schön! Danke!

An meinem ersten freien Tag stand ich vor der Staffelei wie Manet persönlich vor seinem Seerosenteich, tunkte Pinsel in Wasser, dann in herrliche Farben, durchnässte das teure Papier – und dachte: Was soll ich eigentlich malen? Es hatte wohl einen Grund, warum ich über 20 Jahre mein Maltalent so sträflich vernachlässigt hatte. Ich hab dann so ein bisschen Farben verteilt, doch ich war immer unzufrieden mit dem Ergebnis. Was ich heute weiß: Ich habe es nicht geschafft, meinen Ehrgeiz zu bändigen. Ich wollte etwas »abliefern« und konnte das Malen an sich als Entspannung gar nicht genießen.

Sie könnten auch sagen: Da hat sich die verkannte Malerin

wohl etwas überschätzt. So war es. Die Staffelei habe ich irgendwann weitergeschenkt, die Farben liegen immer noch bereit, für meine Enkelkinder, wenn sie mal so weit sind. Ach ja, mein Erstlingswerk, ein modern verschwommener Blumenstrauß, hängt in unserer Küche.

Apropos Küche: Vor einigen Jahren meinten mein Mann und ich, wir bräuchten unbedingt ein Haus mit Garten. Wir wohnten in einer Stadtwohnung ohne Balkon an einer vierspurigen Straße und sehnten uns nach dem Leben in der Natur. Wir fanden unser Traumhaus, sogar mit erträglicher Miete, weit draußen, in einem Vorort von München. Was wir nicht bedacht hatten war, dass da kein Hausmeister den Rasen mäht, die Hecken schneidet, die Wege harkt und die Anlagen gießt.

Wir kämpften dazu einen aussichtslosen Kampf mit kleinen, gefräßigen Feinden, die alles vernichteten, was ich an schönen Blumen pflanzte. Bevor wir uns auf die Terrasse setzen konnten, mussten wir sie erst mal reinigen von allem, was Bäume und Vögel in unserer Abwesenheit hinterlassen hatten. Dazu kam: Wir mussten jeden Tag eine Dreiviertelstunde zum Büro fahren und eine Dreiviertelstunde zurück – vorher mussten wir nur die Treppe hinuntergehen. Und Freunde kamen auch nicht mehr mal eben so vorbei. Der Traum zeigte seine hässliche Seite.

Spätestens, als besorgte »liebe« Nachbarn (nein, die anderen, nicht die, die uns am Einzugstag schon freundlich gewarnt hatten, dass in der Gegend ständig eingebrochen würde) Beweisfotos unserer Wildnis an unseren Vermieter schickten und der die im Mietvertrag festgelegte Gartenpflege anmahnte, merkten wir: Wir führen gar kein Leben, dass sich mit Haus und Garten vereinbaren lässt. Wir sind mehr als die Hälfte des Jahres sowieso unterwegs. Und wir gestanden uns ein, dass wir Gartenarbeit seit jeher gehasst hatten – und uns die Sehnsucht nur an einen Platz an der Sonne führen wollte, an dem wir frühstücken konnten.

Wir sind dann sehr bald reumütig zurück in die Stadt gezogen, ins gleiche Haus, in dem sich auch unser Büro befindet, in dem zufällig eine Wohnung frei wurde, und das Schicksal hat uns einen Balkon angebaut. Aus dem großen Traum mit Haus und Garten ist ein kleiner Traum geworden. Und wir sind sehr glücklich auf Balkonien.

»Es müssen die richtigen Träume sein«

Im letzten Sommer saß ich im Esszimmer der Sehnsuchts- und Traumexpertin Ildikó von Kürthy zu unserem Interview und bereute als Erstes, dass ich nur jede Menge Sachbücher und keine Romane geschrieben hatte. (Na ja, ehrlicherweise habe ich zwei Businessromane geschrieben, die der Markt allerdings nicht angenommen hat.)

Das ist bei Ildikó von Kürthy anders. Allein ihr Erstlingsroman *Mondscheintarif* hat 6,5 Millionen verkaufte Exemplare. Sechseinhalb Millionen! Ächz.

Ich hechle mich also mühsam heraus aus dem Neid, mein Mantra wiederholend: »Deine Sehnsucht wird dich führen, deine Sehnsucht wird dich führen …«, und stelle dann ganz ruhig meine erste Frage: »Hatten Sie Kindheitsträume, also alte Träume, die sich in Ihrem Leben erfüllt haben, liebe Frau von Kürthy?«

Sie sitzt wie eine Göttin im Gegenlicht (was Sie sehr schön auf dem Video sehen können) und überlegt einige Zeit, bevor sie antwortet:

○ »Ich hab als Kind keine konkreten Zukunftsträume gehabt, ich habe gehofft, dass sich alles irgendwie ausgeht – Liebe, Beruf, Kinder und eine nette Unterkunft. Ich wollte nicht Weltraumfahrerin werden. Ich hatte eher Mangel an konkreten Träumen, was auch daran lag, dass ich einen Mangel an konkreten Talenten hatte.«

Aha. Understatement in der ersten Aussage?

Sie erklärt:

»Ich hatte Klassenkameraden, die wussten in der Sexta, dass sie mal Physiker werden wollten. Die habe ich sehr beneidet, weil ich mich gequält und furchtbare Stunden in Berufsinformationsstellen verbracht habe, wo ich hoffte, in einem der Regale einen schicksalhaften Ordner zu finden. Das war keine angenehme Zeit, ich hatte keine konkreten Träume. Es ist deutlich leichter, wenn man eine klare Sehnsucht hat. Träume muss man ja erst mal haben, um sich an ihre Erfüllung machen zu können. Und es müssen die richtigen Träume sein.

Ich mache dieses Jahr ein Experiment, bei dem ich verschiedene Sehnsüchte und Träume auf ihre Tauglichkeit hin abklopfe. Es wird ein Buch daraus entstehen.«

Unter welchem Titel?

»›Neuland – Wie ich mich selber suchte und jemand ganz anderen fand‹. Ich habe in diesem Jahr viel ausprobiert, von Schweigen im Kloster über Yoga und Blondsein. Und ich habe festgestellt: Manche Träume lieben mich nicht zurück. Die Natur zum Beispiel ist ja wie Gemüse – muss man nach weitläufiger Meinung irgendwie gut finden. Und jetzt ich: mühsam in die Natur gegangen, um eine große, alte Sehnsucht von mir zu befriedigen. Ich habe als Kind Indianer gespielt und in Tipis geschlafen. Aber legen Sie sich jetzt noch mal mit 47 auf einer dünnen Isomatte direkt auf den Waldboden, bei zwei Grad, im Schlafsack des achtjährigen Sohnes, der bis zur Hüfte reicht und für Indoor gedacht ist. Da habe ich gemerkt, die Wildnis hat mich nicht so gerne, wie ich dachte. Aus der Traum. Ich schlafe lieber im Bett. Es geht mit zunehmendem Alter darum, sich einzugestehen, welche Sehnsüchte nicht mehr zu einem passen und einen nicht zurücklieben.«

Jetzt muss ich aber doch noch einmal nachfragen:

»Hatten Sie schon früh die Sehnsucht, Schriftstellerin zu werden, war es Fügung oder der große Ruf?«

Ildikó schaut sinnend zur Decke und schüttelt leicht den Kopf. Sie erzählt:

»Ich bin ja sehr, sehr einseitig begabt. Ich konnte schon immer gut formulieren. Aber das ist natürlich eine Lachnummer, wenn man gefragt wird, was man denn mal machen will und antwortet: Irgendwas mit Sprache. Das klingt genauso schwammig wie: Irgendwas mit Menschen. Meine Sprachbegabung hatte sicherlich damit zu tun, dass mein Vater blind war. Sprache war die einzige Möglichkeit, mich verständlich zu machen. Blicke, kokettes Schweigen – nutzte mir gar nichts. Mein Vater war Professor für Pädagogik und ließ sich viel vorlesen: Adorno, Schelsky, damit wurde ich vom Säuglingsalter an berieselt und da ist wohl ein bisschen Sprachgefühl bei mir hängen geblieben.«

Mir fällt ein Zitat ein: »Bescheidenheit kann die höchste Form der Arroganz sein.« Aber ich glaube, diese lebensfrohe Frau, die da vor mir sitzt, ist tatsächlich ziemlich uneitel. Sie spielt das nicht, sondern fühlt auch so. Sie erzählt weiter in ihrer schnellen, fast scheuen Art.

»Aus Sprachbegabung kristallisierte sich zunächst einmal kein Beruf heraus, kein konkreter Weg. Doch der tat sich mir plötzlich auf. Da hat es das Schicksal gut mit mir gemeint. Ich habe es aber auch mit dem Schicksal gut gemeint. Weil ich im rechten Moment wach und mutig genug war, um das Angebot anzunehmen.

Mein Vater hatte ein Buch über Einzelkinder geschrieben und eine Studie gemacht – wohl auch zur Ehrenrettung seiner einzigen Tochter und um den schlechten Ruf der Einzelkinder zu retten. Mein Vater wurde von einem Redakteur der Zeitschrift *Eltern*, Christoph Fasel, zu dem Thema interviewt und ich durfte nach dem Gespräch mit beiden essen gehen. Ich fragte diesen Redakteur, ob ich ein Praktikum bei *Eltern* machen könne. Zwei Monate später konnte ich anfangen. Und ich wusste vom ersten Tag an: Das ist es. Da hatten sich zwei gefunden – mein Beruf und ich, wir waren glücklich miteinander. Professionelles Schreiben, da war ich ganz sicher, war mein Weg.«

Während ihres Praktikums bei *Eltern* hatten die blutjunge Ildikó und ich uns kennengelernt. Ich war 34, hatte zwei kleine Kinder und schrieb in der Zeitschrift vor allem Mutmachgeschichten für Mütter (und mich selbst). Ich saß damals mit dem besagten Kollegen Christoph Fasel in einem Zimmer. Ildikó von Kürthy machte also ihr Praktikum in unserem Büro. Ich mochte sie sofort, ihre feinsinnige Art und ihr Sprachverständnis. Das ist 30 Jahre her. Ich hatte sie nie vergessen. Und wie sich herausstellte, sie mich auch nicht. Vor einigen Jahren meldete sie sich bei mir, um meine Meinung als Coach zu einem Thema zu erfahren, über das sie in ihrer *Brigitte*-Kolumne schreiben wollte. Seitdem haben wir uns beruflich immer wieder mal punktuell gesehen.

»Haben Sie dann nach dem Praktikum studiert?«, möchte ich von ihr wissen.

»Da mein Vater Professor war, gehörte die Uni zu meinem Leben wie unser Blindenhund. Wir hatten jede Menge Bücher und immer Studenten bei uns zu Hause. Uni und Hund gehörten zu meiner Vorstellung vom gelingenden Leben dazu. Ich ging nach dem Praktikum erst zur Gruner-und-Jahr-Journalistenschule nach Hamburg und begann danach, wie selbstverständlich, ein Studium. Bei einer Einführungsveranstaltung für Germanisten wurden wir Studenten gefragt, was wir gern mal werden würden. Und alle wollten Journalist werden. Und das war für mich sehr demotivierend, denn Journalist war ich ja schon. Ich habe ein bisschen vor mich hin studiert und festgestellt, das ist so eine Sehnsucht, die mich nicht zurückliebt. Nächstes Jahr werde ich mir einen Hund anschaffen.«

Sie nimmt eine Stelle bei der *Brigitte* an, die ihr angeboten wird, und geht nur noch in die Uni-Bibliothek, um für Geschichten zu recherchieren.

»Und wie war das mit den Büchern«, frage ich die Autorin von sieben Romanen und zwei Sachbüchern, »war das wenigstens ein Kindheitstraum?«

»Mein erstes Buch habe ich mit 14 in eine Kladde geschrieben. Das war die Zeit, als ich mich selbst sehr an Hermann Hesse erinnerte. Die ging zum Glück vorbei. Das erste richtige Buch, das ich mit 19 geschrieben habe, war ein Indianer-Roman, der leider nie erschienen ist. Ich werde das Buch demnächst meinen Söhnen vorlesen.«

Und *Mondscheintarif*, ihr Bestseller (sechseinhalb Millionen!)? Auch der nicht das Ergebnis heftiger Tagträume, eine berühmte Schriftstellerin zu werden? Ildikó lacht ihr volles, so wunderbar undamenhaftes Lachen.

»Ich war 1999 *Stern*-Redakteurin, als mich Britta Hansen, eine Lektorin des Rowohlt Verlags, angesprochen hat, ob ich nicht ein Buch schreiben wolle. Und das habe ich getan, ich habe keine Sekunde gezögert. So entstand *Mondscheintarif*. Ein tapferes, kleines Taschenbuch, das einfach nicht aufhörte, sich zu verkaufen, und nach einem Jahr auf Platz 1 der *Spiegel*-Bestseller-Liste stand. Und dann entwickelte es sich zum Longseller.«

Also alles perfekt für ein glückliches Leben? Ildikó seufzt und schüttelt den Kopf:

»Die Erfüllung jeden Traumes hat ihren Preis. Erfüllte Träume nennt man Realität – und die ist nie durchgängig traumhaft. Auch Bücherschreiben ist einfach Arbeit, durchsetzt mit Durststrecken. Ab Seite 150 zieht sich das Ganze manchmal schrecklich hin – und dann darfst du nicht vergessen, dass das ja einmal dein Traum war. Das geht ja vielen Leuten so: Zwischen 40 und 50 fragst du dich, war's das jetzt oder kommt da noch was? Viele Frauen machen in dieser Zeit große Dummheiten oder großartige Neuanfänge, weil sie sich mit ihrem Leben langweilen.«

Jetzt will ich's aber wissen – sie auch? Was sind ihre Ausbrüche aus dem Wohlstandsleben, dem Erfolgs-Duft, aus dem wohltemperierten Alltag?

Ildikó nippt an ihrem Tee, knabbert an einem Keks. Und schüttelt dann den Kopf:

»Ich habe mir nie mehr gewünscht, als ich gehabt habe. Ich habe meine Chancen genutzt. Für mich bedeutet Glück, ein Leben zu leben, in dem ich meine Talente nutzen und immer wieder die Zeit vergessen kann bei dem, was ich tue. Ich glaube, eine Grundzuversicht wurde mir in die Wiege gelegt. Ich kann die Vergangenheit nicht verändern. Und für manches ist es noch nicht zu spät. Glücklich sind wir, wenn wir das machen, was uns leichtfällt, wofür wir uns nicht zwingen müssen.« Sie bricht wieder in ihr ansteckendes Lachen aus: »Fernsehen und Sonnenbaden, das fällt mir leicht!«

Und noch einen klugen Satz zum Abschluss?

»Wir sollten den Mut haben, Sehnsüchte und Träume auszumisten. Das ist eine angenehme Begleiterscheinung des Älterwerdens: Wir können uns vom Unwesentlichen verabschieden, wir wissen, worauf es wirklich ankommt.«

Albtraum Traumjob?

Zwischen 40 und 50 beginnen Menschen, sich an ihrem Leben zu langweilen. Das kann ich nur bestätigen. Und die Zeitungen sind voll von Geschichten, in denen äußerlich erfolgreiche Menschen ihren Beruf hinwerfen und noch mal etwas völlig Neues anfangen. »Albtraum Traumjob« betitelte die *Süddeutsche Zeitung* am 20. Juni 2015 einen Bericht über Menschen, die Erfolg, Ansehen und ein gutes Gehalt hatten, und trotzdem ihren Arbeitsalltag »als Hölle« erlebten. Der angesehene Lehrer, der durch die belastende Arbeit in der Schule krank wurde, und jetzt lieber Asylbewerber in Deutsch unterrichtet. Das erfolgreiche Model, das sich fast zu Tode hungerte und ausstieg, um ein ganz normales Leben zu führen. Der Banker, der sich zum Sozialarbeiter ausbilden ließ. Der Arzt, der die Auswüchse des Gesundheitssystems nicht mehr aushalten konnte und kündigte.

Die einen sind ausgebrannt und können und wollen so nicht mehr leben, immer am unteren Rand des Energiepegels. Andere langweilen sich in ihrem goldenen Käfig zu Tode, mit gutem Gehalt, Haus und Familie und ordentlicher Altersversorgung. Und wieder andere haben das Gefühl, noch einmal etwas Abenteuerliches erleben zu müssen, die Welt rocken zu wollen.

Nach einer Studie der Sinnforscherin Tatjana Schnell aus Innsbruck sehen 35 Prozent der Menschen keinen Sinn im Leben und vermissen ihn auch nicht. Die Psychologieprofessorin hat aber auch festgestellt: »Immer mehr Menschen sehnen sich danach, aus dem täglichen Wettbewerb auszusteigen und etwas in ihren Augen Sinnvolles zu tun. Ich bin überzeugt davon, jeder kann seinen Sinn finden. Wer ein sinnerfülltes Leben führt, hat eine höhere Wahrscheinlichkeit, eine Art Lebensglück zu erreichen.« (*Psychologie heute*, Heft 2/2014)

Träume können scheitern

Gabriele Vanselow war Ende 40, als sie das Gefühl hatte, aus dem täglichen Wettbewerb ausscheiden zu müssen. Sie arbeitete damals als Assistentin der Geschäftsleitung in einem Münchner Unternehmen, es ging ihr gut, aber das reichte ihr nicht mehr. Ein Traum, der lange in ihr gewohnt hatte, hatte ihr immer wieder sehnsuchtsvolle Gedanken geschickt: »Ich würde so gern in Norwegen leben.« In einem Seminar erzählte sie mir davon. Ihr nächster Satz war: »Aber das geht ja nicht!« Ich fragte zurück: »Warum denn nicht? Machen Sie sich einen Plan, entwickeln Sie eine Strategie. Warum sollten Sie nicht in Norwegen leben können?« Ein Jahr später bekam ich eine Postkarte von ihr: »Liebe Frau Asgodom, ich habe gerade den letzten Umzugskarton geschlossen. Morgen ziehe ich nach Norwegen und werde ein kleines Bistro eröffnen. Und Sie sind nicht ganz unschuldig daran.«

Ich war total begeistert. Als Mutmach-Geschichte erzählte ich in Vorträgen und Seminaren von dieser Frau, die ihren Traum umgesetzt hat und nach Norwegen gegangen ist.

Einige Jahre später treffe ich Gabriele Vanselow auf einem Sekretärinnen-Kongress. Sie sitzt in der ersten Reihe und winkt mir fröhlich zu.

Ich starre sie an und frage: »Sind Sie nicht die Frau, die nach Norwegen ausgewandert ist? Was machen Sie hier? Sie sind mein bestes Beispiel?!«

Gabriele Vanselow erzählt:

◐ »Norwegen war ein Flop. Meine ursprünglichen Pläne haben sich zerschlagen.«

Etwas kleinlaut frage ich: »Sind Sie jetzt enttäuscht?«

Sie lächelt mich an und sagt: »Aber wieso denn, ich habe

meinen Traum gelebt. Das ist doch besser, als sich ewig zu sagen, hätte ich doch nur …«

»Warum eigentlich Norwegen?«, frage ich, als ich Gabriele Vanselow, inzwischen 62, im Sommer 2015 für dieses Buch befrage. Sie war bis vor Kurzem Assistentin der Geschäftsleitung eines amerikanischen Unternehmens. Ganz nebenbei malt sie hinreißende Bilder.

»Eigentlich habe ich mit sechs Jahren begonnen, an meinem Traum zu arbeiten. Aber da registriert man das ja nicht so. Ich war eines der berühmten Berliner Ferienkinder. Ich bin mit fünfeinhalb und sechseinhalb Jahren zweimal nach Norwegen verschickt worden, in eine unglaublich nette Familie. Es entstand eine tiefe Bindung mit der Familie, es waren jeweils die schönsten Wochen meines Lebens. Später mit 16, 17 habe ich wieder Kontakt hergestellt mit dieser Familie. Viele Jahre später, nach dem Scheitern meiner Ehe, mit Anfang 30, bin ich drei Wochen zu meiner Stiefmutter, wie ich sie immer bezeichnet habe, in Urlaub gefahren. Danach war klar, dass ich mal nach Norwegen ziehen möchte.

Statt nach Norwegen zu ziehen bin ich erst mal nach Bayern gezogen und habe an dem Traum rumgenagt. Aber eines Tages bin ich aufgewacht und habe mir gesagt, jetzt mach ich's.

Die Idee war, dort in der Nähe meiner norwegischen »Geschwister« zu wohnen, die Landschaft hat mir gefallen, die Menschen, das Klima. Als ich 1997 wieder einmal zu Besuch war, habe ich erzählt, dass ich von einem kleinen Bistro träume. Mein norwegischer Bruder, ein gelernter Koch, hat sich sofort umgehört und hat tatsächlich ein leer stehendes Lokal gefunden. Er hat mich am Arm genommen und hingezerrt. Ich war damals noch im »Könnte-man-mal-Status« und habe nicht wirklich daran geglaubt. Ich habe es mir aber angeschaut und war total begeistert. Per Handschlag habe ich mit dem Besitzer vereinbart, dass ich in Deutschland meine Zelte abbreche und das Bistro miete. Ich habe auch erzählt, dass ich noch keine Erfahrung damit habe, und habe insgeheim gehofft, dass mein Bruder mir hilft.

Im Januar 1998 habe ich meinem Job und meine Wohnung gekündigt, mein Konzept stand, die Speisekarte war geschrieben, und ich bin am 1. Mai hochgezogen.«

Ein großer Schritt.

»Ich weiß gar nicht, ob das ein großer Schritt war. Ich empfand den gar nicht als so groß. Na ja, ein bisschen aufgeregt war ich schon, als mir Freunde geholfen haben, den Lkw zu packen. Dann sind sie mit meinen Möbeln vorgefahren, und ich etwas später mit meinem Auto hinterher, um mich morgens um neun mit ihnen in Kiel an der Fähre zu treffen. Da an der Fähre wurde es jedoch dann etwas emotional. Ich hatte nicht gewusst, dass meine Schwester mit ihrer Familie aus Berlin mich dort verabschieden wollte. Ich habe mich tierisch gefreut, aber ich habe keine einzige Träne geweint. Ich habe mich einfach auf die Fähre gefreut, auf die Weiterfahrt ans Ende des Trondheimfjords, nach Levanger, auf den Fjord, auf mein Häuschen. Es war schön und spannend, aber für mich völlig normal. Ich wusste ja auch, dass ich dort nicht allein bin, dass die Familie gleich vorbeikommen wird.«

Es war also fast ein bisschen wie Nach-Hause-Kommen. Gabriele war wohlgemut und tatendurstig. Doch erstens kommt es anders, und zweitens als man denkt! Als Gabriele am nächsten Tag in die kleine Stadt ging, war ihr Lokal weg.

»Ja, das war unglaublich. Der Eigentümer des Lokals war bei einem Tauchunfall ums Leben gekommen. Und seine Mutter hat es mir nicht gegeben. Sie mochte mich von Anfang an nicht und hat es trotz unserer Absprache jemand anderem vermietet. Das war ein Schock.«

Gabrieles Traum von der Selbstständigkeit war erst mal ausgeträumt. Sie musste sich auf andere Art und Weise ihren Lebensunterhalt verdienen. Sie begann in einem Partyservice zu jobben. Schrieb Übersetzungen in einem Architekturbüro. Und sie merkte bald, dass der Traum von der Selbstständigkeit geplatzt war.

»Die Deutschen sind ja schon sehr bürokratisch. Aber die Norweger noch viel mehr, extrem, vor allem im Gastronomiebereich.«

Zwei Jahre hat sie dann in Norwegen gelebt, mehr schlecht als recht verdient. Sie hätte für eine besser bezahlte Stelle in eine größere Stadt ziehen müssen, aber der norwegische Traum hatte sich verabschiedet. Sie spielte noch kurz mit dem Gedanken, nach Irland zu gehen – »Auch ein Sehnsuchtsland von mir«, aber die Vernunft siegte. Nachdem klar war, dass sie nicht bleiben konnte, ging sie lieber zurück.

Im April 2000, all ihre Ersparnisse waren aufgebraucht, packte sie ihre Habseligkeiten und ihre zwei norwegischen Katzen und fuhr zurück nach Deutschland. Ein Freund holte mit einem Siebentonner ihre Möbel zurück, die eingelagert wurden. Sie mietete in München eine möblierte Wohnung, ging am nächsten Tag zum Arbeitsamt und am übernächsten Tag hatte sie wieder einen guten Job als Sekretärin über eine Zeitarbeitsfirma. Im Juli 2000 hatte sie wieder eine Wohnung und einen festen Job – für die nächsten 14 Jahre.

Stunde der Wahrheit: Bereut sie es heute, ihrem Traum nach Norwegen gefolgt zu sein?

Sie überlegt lange, sieht kurz ein bisschen traurig dabei aus, sagt dann aber:

»Nein, ich habe es nicht eine Sekunde bereut. Auch wenn ich ganz klar sage, es war ein Flop. Fachlich hätte ich mich sicher besser vorbereiten können. Die Sprache war keine Schwierigkeit, die habe ich schnell gelernt. Wobei jedes Tal einen eigenen Dialekt hat. Aber den Entschluss selbst habe ich nie bereut. Ich bin froh, dass ich mich überhaupt getraut habe. Ich denke, ich würde sonst heute nur rumquengeln.

Ich habe das Leben in Norwegen trotz aller widrigen Umstände sehr genossen. Ich bereue keine Minute und keinen Euro, die ich in den Traum investiert habe. Ich freue mich über den Mut, den ich hatte. In meiner Familie gab es schon Angehörige, die dachten, sie müssten die weiße Zwangsjacke besorgen, um mich davon abzuhalten.

Ich mag die Menschen dort, ihre Einstellung zur Arbeit. Die leben nicht, um zu arbeiten. Sondern sie arbeiten, um zu leben, bis 17 Uhr. Und zehn nach fünf bist du wirklich frei, triffst dich mit Familie und Freunden, Gemeinschaft ist sehr wichtig und Natur. Es ist eine sehr gelassene Arbeit, nicht so eine Hetze und Stress wie in Deutschland. Und trotzdem wird alles geschafft. Mir hat es total Spaß gemacht dort.«

Haben die zwei Jahre sie nicht verdorben für das Leben in Deutschland? Gabriele nickt heftig und lacht.

»Ja, das war ziemlich schwierig für mich, zurückzukommen und mich wieder an die deutsche Arbeitsmentalität anzupassen. Und die zweite Sache war Auto fahren. Es gibt extreme Geschwindigkeitsbeschränkungen in Norwegen und das Fahren ist auch total relaxt. Als ich wieder in Deutschland war, habe ich erst einmal ›Schiss inne Büx‹ gehabt. Wobei man sich schnell wieder umgewöhnt.«

Jetzt lacht sie wieder.

»Die Zeit in Norwegen war eine wichtige Erfahrung für mich, ich habe gemerkt, wo meine Grenzen sind. Ich habe gelernt, Hilfe von anderen anzunehmen. Viele können das ja prima, bei mir war immer die preußische Erziehung dazwischen. Frag nicht um Hilfe, dann brauchst du niemandem Danke zu sagen.

Ich denke, wenn ich mich früher getraut hätte, um Hilfe zu bitten, wäre ich wahrscheinlich noch da.«

Gabriele war eine Pionierin, und wenn es sich ergeben würde, würde sie sofort noch einmal hinziehen. Heute arbeiten Tausende von Deutschen in Norwegen. Manche erfolgreich und glücklich, manche kehren desillusioniert zurück.

Ich frage sie: »Mit all Ihren Erlebnissen, wie können Menschen, die ebenfalls die Sehnsucht nach einem anderen Leben im Ausland haben, von Ihren Erfahrungen profitieren?«

- Bitte halte dich nicht für verrückt, glaube an deinen Traum.
- Bereite deinen Traum noch besser vor. Sei nicht so blauäugig wie ich.
- Informier dich fachlich vorher genau, welche Vorschriften gibt es, was musst du berücksichtigen? Vor allem in anderen Ländern, in einer anderen Branche. Ganz, ganz wichtig.
- Rechne dir das Ganze gut durch, unterschätz die finanzielle Komponente nicht.
- Lass dir nicht den Mut nehmen. Noch einmal: Lass dir den Mut nicht nehmen. Es ist dein Leben.
- Überleg dir vorher genau, was passieren wird, wenn du dir den Traum erfüllst. Und überleg auch, wie wirst du dich fühlen, wenn du es nicht tust.
- Es ist gut, es auszuprobieren. Auch wenn es nicht klappt, hast du einen Gewinn fürs Leben. Dabei immer an das nötige Geld denken.

Kluge Gedanken von einer Frau, die ihre Erfahrungen gemacht hat, ohne bitter zu werden oder sich selbst Vorwürfe zu machen. Sie ist aus ihrer Komfortzone getreten und hat sich in die Risikozone begeben. Ich bewundere Gabriele Vanselow, die wusste, wann sie das Abenteuer abbrechen musste.

Soll ich Ihnen ein Geheimnis verraten? Es gibt keine Garantie auf gelebte Träume. Das Leben kennt kein Umtausch- und kein Rückgaberecht. Aber es gibt das Recht darauf, sich vielleicht geirrt zu haben, sich vielleicht übernommen zu haben, es gibt ein Recht auf Scheitern, wenn Sie so wollen. Der Philosoph Robert Goodin behauptet sogar: »Sieger geben ständig auf. Sie tun es nur im richtigen Moment.« Es kommt also nicht unbedingt darauf an, Misserfolge zu vermeiden, da man sich dadurch auch viele Chancen nimmt, sondern auf den richtigen Umgang mit Misserfolgen, wenn der Traum uns nicht zurückliebt.

Hier für Sie zusammengefasst sieben Irrtümer in Sachen Lebensträume:

1. Wenn Sie einmal Ihren Traum erreicht haben, läuft alles wie von allein.
2. Der Traum eines anderen kann nicht Ihr Traum sein.
3. Sie müssen nur an Ihren Traum glauben, dann wird's schon.
4. Entweder es klappt sofort, oder es war der falsche Traum.
5. Haben Sie einmal Ihren Traum erreicht, werden Sie nie wieder etwas anderes wollen.
6. Wenn Sie wirklich überzeugt sind, dann haben Sie niemals Zweifel.
7. Haben Sie einmal Ihren Traum verpasst – dann war's das.

Das Wunderbare an Träumen ist ja eben, dass sie flexibel sind und ihre Gestalt wechseln können.

Im ersten Ausbildungslehrgang meiner Coach Akademie war eine Frau, die an ihrem Arbeitsplatz nicht mehr zufrieden war und Coach werden wollte. Nach einem Dreivierteljahr, beim Schreiben ihres Businessplans, der Teil der Ausbildung ist, stellte sie fest, dass sie gar keine Lust auf Selbstständigkeit hat, dass sie lieber in einem Team arbeitet und die Sicherheit einer Festanstellung schätzt. Jetzt könnten Sie denken, ach, alles umsonst! Keineswegs, sie hat eine wichtige Erkenntnis fürs Leben gewonnen und hat ihr Lebens-Navi neu programmiert. Heute arbeitet sie in ihrem Unternehmen als angestellter Coach für Mitarbeiter und Teams – ihr absoluter Traumjob.

»Wer A sagt, muss nicht B sagen. Er kann auch erkennen, A war falsch.« Ich schätze diesen Spruch von Bertolt Brecht. Er gibt uns eine große Erlaubnis: Träume zu leben beinhaltet das Recht auf Irrtum, das Recht auf Umkehr, das Recht auf Korrektur, das Recht auf bessere Einsicht und das Recht auf Aufgeben.

Sie können sich bestimmt vorstellen, dass es immer Menschen geben wird, die mit Fingern auf Sie zeigen würden: »Versager!« Ich denke, es sind Angsthasen, die sich selbst nicht aus ihrer selbst gezimmerten Wagenburg trauen. Die lieber »die bekannte Hölle dem unbekannten Himmel vorziehen«. Und denen sind Menschen, die sich etwas trauen, immer einen Schritt voraus.

Zurück aus der Zukunft

»Ein Traum ist unerlässlich,
wenn man die Zukunft gestalten will!«

Victor Hugo

Wer seine Lebensträume verwirklichen will, profitiert von der menschlichen Fähigkeit, in die Zukunft schauen zu können. Nein, nicht mithilfe einer Kristallkugel oder von Karten. Sondern mithilfe der eigenen Fantasie. In diesem Kapitel möchte ich an einigen Beispielen zeigen, wie Ihr visionärer Blick in die Zukunft Sie ins Handeln bringen kann.

Warum beginnen wir etwas zu tun? Backen zum Beispiel: weil wir gerne Zitronen auspressen, Mehl abwiegen, Eier trennen? Oder uns weiterbilden: weil wir stundenlang neben unserer eigentlichen Arbeit lernen wollen oder sonst nichts zu tun haben? Kann bei einigen stimmen. Meistens machen wir etwas, weil uns das Endprodukt, das sinnliche Erlebnis, die Belohnung unseres Tuns lockt. Friedrich Nietzsche hat einmal gesagt: »Wer ein Warum zu leben hat, kann viele Wie ertragen.« Frei übersetzt in Sachen Träume leben: Wenn wir ein Bild dessen im Kopf haben, für das es sich zu arbeiten lohnt, ist unsere Motivation am größten.

Träume verwirklichen zu wollen beinhaltet, sich in der Fantasie auf Reisen zu begeben. Ihre Träume zeigen Ihnen Bilder eines Status, in dem Sie einmal sein werden. Wie in einem Hologramm zeigt sich der Traum in seiner wahren Gestalt, obwohl Sie noch nichts Reales dafür gemacht haben, doch das Bild ist schon glasklar. Und dieses Bild, das Ihre Sehnsucht weckt, ist der Akku für Ihr Handeln. Man könnte auch sagen: schwaches Bild, schwacher Akku – starkes Bild, starker Akku.

Mir kommt die Erinnerung an einen Abend, an dem ich plötzlich wusste, was ich ganz bestimmt nicht mehr wollte. Ich war 17, Schülerin, lebte mit meinen Eltern in einem kleinen Dorf in Niedersachsen, meine drei großen Brüder waren schon aus dem Haus. Nach vielen Jahren großer Traurigkeit und Einsamkeit in mir hatte ich in einer christlichen Jugendgruppe Halt gefunden. In der wöchentlichen Teestube tranken wir nicht nur Tee, sondern machten auch Bibelarbeit, und da ich begeisterte Konfirmandin gewesen war, sprach mich das sehr an. Meine Eltern, geboren in den 1920er-Jahren, hatten zum Glauben keine Beziehung, aber sie ließen mich wenigstens nach der Teestube bei einer Freundin übernachten.

Ich blühte auf, führte heiße Gespräche über Gott (manchmal auch mit ihm, na ja). »Jesus liebt dich« – dieser Satz wirkte. Ich fühlte mich angenommen. Ich glaube, dass mir dieser Satz das Leben gerettet hat. Meine Eltern sahen meine Entwicklung mit Misstrauen, vor allem mein Vater merkte, dass ich mich seinem Einfluss entzog. Er hatte 17 Jahre mein Verhalten bestimmt: »Wenn du das tust, was wir dir sagen, dann haben wir dich lieb. Wenn nicht, dann nicht.« Meine Mutter hatte sich seiner Strenge gebeugt. Sein Jähzorn hatte unser aller Leben bestimmt. Die Angst vor ihm war meine ständige Begleiterin gewesen. Und nun lernte ich in der Jugendgruppe: »Jesus liebt dich, so wie du bist.« Irgendwann musste es zu Hause krachen.

An diesem Abend wartete ich in meinem Zimmer, dass ein Freund mich mit dem Auto zur Teestube abholte. Plötzlich riss mein Vater die Zimmertür auf, völlig außer sich und brüllte:

»Du gehst da heute Abend nicht hin und auch nie wieder. Ich verbiete es dir ein für alle Mal.« Mein Herz klopfte zum Zerspringen und ich stammelte: »Aber ich möchte da hin.« Das machte meinen Vater noch wütender. Er brüllte: »Wenn du heute da hinfährst, dann brauchst du nie mehr zurückkommen. Dann habe ich keine Tochter mehr!« Er warf die Tür hinter sich zu. Ich saß minutenlang zitternd und weinend an meinem Schreibtisch. Dann stand ich wie in Trance auf und begann, meinen Koffer zu packen. Ich würde gehen, das war mir völlig klar. Egal, was geschehen würde, ich wollte so nicht mehr leben.

Ich hörte meine Eltern im Erdgeschoss laut streiten. Ich zitterte und heulte und packte weiter, meine Schulsachen, meine Gedichte, meine Lieblingsbücher … Plötzlich wurde es unten still, ich zitterte noch mehr. Nach einigen Minuten klopfte es leise an meiner Tür. Ich öffnete mit rasendem Herzklopfen. Da stand mein Vater im Türrahmen, seine Brille in der Hand und weinte heftig. Ich hatte ihn noch nie zuvor weinen gesehen. Mein Herz zog sich zusammen. Er fasste sich und sagte mit leiser Stimme: »Ich habe mit deiner Mutter gesprochen. Also gut, ich erlaube dir, in deine Gruppe zu gehen.« Ich ließ meinen Koffer stehen und ging nach unten, wo der Freund mich bald darauf abholte.

Ich durfte dann jede Woche ohne Diskussionen in die Teestube fahren. Ich hatte mich das erste Mal gegen meinen Vater gewehrt. Und damit begann ich mich aus seiner Macht zu entfernen. Nach dem Abitur zog ich 1972 nach München. Ich sah meinen Vater nur noch einmal wieder, nach einer Krebsoperation im Krankenhaus. Er starb drei Monate später. Inzwischen habe ich mich mit ihm versöhnt. Geholfen hat mir erstaunlicherweise ein Foto, das ich in einem alten Album fand: Mein Vater liegt ganz entspannt bäuchlings im Gras, offensichtlich machen wir eine Pause während einer Wanderung. Ich knie neben ihm und kämme sein Haar. Ich bin vielleicht fünf Jahre alt. Sein Lächeln auf diesem Foto ist voller Liebe. So war er eben auch.

Der
Ich-will-nicht-mehr-Traum

Vielleicht haben Sie selbst so eine Vater- oder Elterngeschichte und erinnern sich gerade daran, wie sie Ihr Leben bestimmt hat oder noch bestimmt? Ich treffe in meinen Coachings immer wieder Klienten, deren Eltern ihnen nicht die Liebe geben konnten, die sie gebraucht hätten. Es ist ein Stück Arbeit, sich von dem Traum zu verabschieden, von seinen Eltern geliebt und respektiert zu werden, oder zur Beendigung eines familiären Albtraums seine Konsequenzen zu ziehen.

Diese Menschen werden lange von ihren Kindheitserinnerungen getrieben oder gehemmt. Aber irgendwann sind sie weit genug davon entfernt, haben ihre Erfahrungen aufgearbeitet oder sich endgültig von den Eltern abgenabelt – und plötzlich spüren sie den sanften Wind der Freiheit. Wind of Change.

Nennen wir ihn Peter. Er wurde zwischen den Erwartungen seines Vaters und seiner Frau schier zerrissen. Seine eigenen Erwartungen ans Leben kannte er gar nicht. Der Vater, ein erfolgreicher Apotheker, hatte ihm mit 63 Jahren drei gut gehende Apotheken übergeben. Peter, der auf Wunsch der Eltern ebenfalls Pharmazie studiert hatte und für ein Pharmaunternehmen arbeitete, hatte sich nicht getraut abzulehnen. Seine Frau machte ihm schwere Vorwürfe, da sie das Leben, was sie bis dahin gelebt hatten, mit regelmäßigen Arbeitszeiten und sechs Wochen Urlaub vorgezogen hätte. Peter war 45, als er ins Coaching kam. Er wollte es allen recht machen, er fühlte sich erschöpft, sein Leben war freudlos und er suchte nach einer Lösung. Nachdem er mir alle Aspekte seines Dilemmas im Detail geschildert hatte, sah ich ihm direkt in die Augen und fragte sanft: »Und was wünscht sich Peter selber für ein Leben?«

Tränen traten ihm die die Augen. »Das hat mich noch niemand gefragt. Wenn ich könnte, wie ich wollte, würde ich eine der Apotheken behalten und die anderen beiden verkaufen. Mir würde das Einkommen reichen, meine Frau und meine Kinder müssten sich vielleicht ein bisschen einschränken. Aber ich hätte dann auch wieder mehr Zeit für sie.« Und er fügte versonnen hinzu: »Und für mich.« Ich lächelte ihn ermutigend an. Er lächelte scheu zurück und sagte plötzlich: »Oder meine Frau geht auch wieder arbeiten, die Kinder sind ja schon auf dem Gymnasium.« Sein Gesicht, das gerade noch sehr müde und grau wirkte, begann zu leuchten. In kürzester Zeit skizzierten wir das Leben, das Peter sich wünschte. Ihm war klar, dass es nicht leicht sein würde, seinem Vater von seinen Plänen zu erzählen, aber er schöpfte Hoffnung.

Die Kraft
der Zukunfts-Bilder

Ich lerne immer wieder von meinen Klienten: Wenn wir eine klare Vorstellung von unserem Traum haben, liefert diese Vorstellung die nötige Energie, um diesen Traum auch zu erreichen. Damit liegt die wichtigste Voraussetzung für das Gelingen in uns selbst. Natürlich hängt der Erfolg nicht allein von Ihnen ab (von glücklichen Zufällen haben Sie ja schon gelesen). Aber die neu erwachsene Kraft, die aus dem klaren Bild kommt, hilft auch, Verbündete zu finden, Unterstützer und Helfer.

Ich stelle auch immer wieder fest, dass fast jeder von uns, eigentlich schon recht erwachsen, an einer Stelle – ich nenne diese gern »Putzstelle« – nachreifen muss. Und es ist oft so mit Ende 30, Anfang 40, dass meinen Klienten ein neues Verhalten möglich ist. Vielleicht haben sie zusammen mit ihren Kindern gelernt, auf die eigenen Bedürfnisse zu achten, vielleicht haben sie durch die Liebe eines Partners zur Selbstliebe gefunden oder durch berufliche Erfahrung gelernt, sich selbst ebenso wichtig zu nehmen wie andere. Und sie haben wie viele meiner Generation solch barsche Sätze wie »Träum nicht!« oder »Spinn nicht so rum« einfach umgedreht: »Träum deinen Traum, spinn herum, so viel du willst. Und mach was draus!«

Die gute Nachricht lautet tatsächlich: »Es ist nie zu spät für eine glückliche Kindheit!« Sprich, wir können uns verändern, wir können Kindheitsverletzungen heilen, wir können uns entschließen, nicht mehr auf hemmende oder kränkende Bemerkungen zu reagieren. Wir können Kontakte abbrechen und uns neue Unterstützer suchen. Wir können in jedem Alter beschließen, dass wir noch etwas anderes vom Leben wollen als das, was wir schon kennen.

Manche Menschen machen das Beste aus ihrem Leben, andere werden gelebt, aus welchen Gründen auch immer. Und Menschen wie Sie wollen ihr Leben aktiv gestalten. Jetzt sind wir schon ganz nahe am Träume-Verwirklichen. Meistens sind es Menschen, die eigentlich ganz erfolgreich in ihrem Beruf sind und sich trotzdem die Sinnfrage stellen: »Wofür mach ich das?« Oder es sind Menschen, die sich in den Dienst für andere gestellt haben und langsam, aber stetig ein Mangelgefühl bei sich feststellen: »Das kann doch noch nicht alles gewesen sein!«

Die Sinnsuche, vor allem in der Lebensmitte, braucht Unterstützung durch die Magie von Träumen oder Visionen. Die Hälfte aller Coachings, die ich in den letzten zwei Jahren gemacht habe, drehte sich um eine neue Berufs- oder gar Lebensperspektive. So gut wie alle TeilnehmerInnen, die sich an der Akademie zum Coach ausbilden lassen, haben das Gefühl, dass ihr Leben noch mal eine neue Wendung nehmen muss. Sie wollen nichts abschütteln, sie wollen noch etwas oben draufsetzen.

Es ist die Zukunft, die uns zieht, oder um genau zu sein, die Vorstellung von der Zukunft. Wenn wir ein klares Bild vor Augen haben, wie es werden soll, dann können wir uns auch den Weg dorthin vorstellen. Und mehr als das: Wir können mit dem Rückblick auf unser Leben (aus der Zukunfts-Position) erkennen, wann und wie wir losgehen sollten, an welcher Abzweigung wir abbiegen sollten, was wir anschieben können, was wir stehen lassen sollten. Und: Die Kraft des Bildes gibt uns die Kraft zu handeln. Sie gibt uns aber auch die Kraft, Irrwege zu verlassen und Abkürzungen auf dem Weg zum Ziel zu erkennen.

Was heißt Leben?

Manchmal fällt mir auf, dass wir Menschen hier in Deutschland, ja in Mitteleuropa von einem relativ hohen Standpunkt aus nach mehr streben. Die aktuelle Flüchtlingssituation erinnert uns: Für viele Menschen heißt leben erst einmal überleben. Ihre Vision, sprich Fata Morgana, zeigt vielleicht Wasser und Brot und eine Oase mit Schatten. Millionen von Menschen sind auf der Flucht oder leben auch sonst in Verhältnissen, in denen das Leben schon gut ist, wenn es etwas zu essen gibt und keinen Krieg. Ich habe oftmals in Afrika erlebt, dass die Grundlagen von Zufriedenheit davon bestimmt werden, dass man überhaupt eine Überlebensperspektive hat – und eine für seine Kinder.

Als junge Journalistin saß ich einmal in einem Flüchtlingszelt in einem glutheißen Tal im Sahel in Ostafrika. Plötzlich wurde ich gewarnt: Nicht aus dem Zelt raus, Luftangriff! Äthiopische Kampfjets hatten das Lager der eritreischen Befreiungsbewegung entdeckt. Mein Begleiter rief mir zu: »Bleib auf der Pritsche sitzen, mach den Mund weit auf und steck dir deine Zeigefinger in die Ohren – damit bei einem Einschlag von Bomben in der Nähe dein Trommelfell nicht platzt.« So saß ich da. In den ein, zwei Minuten in diesem glühend heißen Zelt in Todesangst ging es nur ums Überleben. Ich hörte die Raketen an den Bergen zerschellen, rums, rums, rums. Überleben ist manchmal der Über-Lebenstraum.

Auf welcher Handlungsebene ist jemand, wenn er kein Bild seiner Zukunft hat (oder es zumindest nicht sieht)? Er macht, er reagiert, er wacht, er schläft. Er schaut mal, was kommt. Er nutzt manche Chancen, er verpasst welche. Das kann übrigens für diesen Menschen ein total zufriedenes Leben sein. Auf welcher Handlungsebene sind Menschen wie Sie, wenn sie eine Vorstellung von ihrer Zukunft haben? Sie entscheiden, sie planen, sie denken darüber nach, sie bereiten sich vor, sie sind bereit, sie erkennen Chancen, sie sorgen für Veränderungen. Denn das Bild, das sie in sich haben, wirkt wie eine Landkarte ihres Lebens. Darin ist ein Ziel eingetragen, ein attraktives Ziel:

- Das Ziel kann ein Bild ihres Berufs sein: So will ich arbeiten.
- Es kann ein Bild ihres Lebensgefühls sein: So will ich mich fühlen.
- Es kann ein Bild ihrer Partnerschaft sein: So will ich lieben.
- Es kann das Bild eines Projekts sein: Das will ich erreichen.
- Es kann das Bild einer moralischen Einstellung sein: So will ich handeln.
- Es kann das Bild des Loslassens sein: Das will ich nicht mehr.

Wohin leiten Sie Ihre Gedanken? Geht es um ein »Mehr von« oder ein »Weniger von«? Haben Sie ein klares Bild von dem im Kopf, was Sie erreichen wollen? Vielleicht kennen Sie den Spruch: »Alle sagten, das geht nicht. Dann kam einer, der hat das nicht gewusst und hat es einfach gemacht.« Oder wollen Sie etwas verändern, damit Sie manche Dinge nicht mehr machen müssen? Heißt das Ziel: »Nie wieder wird jemand so mit mir umgehen?« Oder: »Nie wieder möchte ich so etwas erleben müssen?«

Experten, die sich mit den Statistiken zu Selbstständigkeit beschäftigen, haben in den letzten Jahren festgestellt, dass die Zahl älterer Existenzgründer wächst. Immer mehr »Best Ager« wollen ihrem Leben noch mal eine Wende geben. Sie erkennen klarer als je zuvor, was ihnen wichtig ist und welchen Fußabdruck sie in diesem Leben hinterlassen wollen. Sie machen sich im »reifen Alter« auf den Weg, dem Leben noch mal eine Wende zu geben. Im Startgepäck: Ihre Expertise – also Fähigkeiten, Erfahrung, Weisheit, Kontakte …

Wenn wir solche Auf- und Umbrüche mit einer Reise vergleichen, gibt es auf unserer Traum-Landkarte neben den Zielen auch Ausgangspunkte: »Sie befinden sich hier!« Diese beiden Punkte erzeugen eine kribbelnde Spannung, die wiederum Energie erzeugt, die die Fantasie beflügelt: Wie kann ich dahin kommen, wohin es mich zieht? Wie sagen Navis im Auto heute: »Wählen Sie eine Route aus.« Und wir haben die Wahl zwischen der schönsten, der schnellsten, der sparsamsten …

Ich habe für Sie das Muster für eine solche Traum-Landkarte zeichnen lassen, in die Sie Ihre Stationen eintragen können. Sie können die Karte kostenlos herunterladen unter www. deine-sehnsucht-wird-dich-fuehren.de.

Ihr Traum im Zukunftsfokus

Wie können Sie Ihren Traum erkennen, definieren und beschreiben? Hier ein paar kreative Impulse, die Ihnen Klarheit verschaffen können. Beantworten Sie für sich folgende Fragen:

1. *Wenn mein Traum verwirklicht ist,*
   - *werde ich mich so fühlen:*
   - *werde ich so leben:*
   - *werde ich mit diesen Menschen zu tun haben:*
   - *werde ich diese Fähigkeiten einsetzen:*
   - *werde ich mich über diese Erfolge freuen:*
   - *werde ich das nie mehr tun müssen:*
2. *Welche Farben hat mein Traum?*
3. *Wofür stehen diese Farben?*
4. *Was werde ich von der Welt bekommen?*
5. *Was werde ich der Welt geben?*
6. *Bei welcher Nachricht, die ich bekäme, würde ich ausflippen vor Freude?*
7. *Was würde ich im Alter ewig bereuen, wenn ich es nicht tun würde?*

Wenn ein Traum
auf ein Bedürfnis stößt

Hier ein Beispiel einer Traum-Landkarte, die erfolgreich zu einem großen Ziel geführt hat.

Alexandra Stein, 41, gelernte Buchhändlerin und Betriebswirtin, war von verschiedenen Zufällen in die Personalabteilung eines großen Unternehmens geführt worden. Kluge Entscheidung, könnte man denken. In diesen Zeiten, wo Bücher nur noch übers Internet gekauft werden, Buchhandlungen reihenweise schließen oder pleitegehen …

Alex, wie sie von ihren Freunden gerufen wird, war trotz ihres Erfolgs nicht glücklich. Sie sah sich nicht in dem Unternehmen alt werden. Sie spürte, dass es noch etwas anderes in ihrem Leben geben musste, sie sah sich in ihrer eigenen Buchhandlung. Dieser Traum von der Zukunft zog sie magisch an.

Alex wohnt in Heitersheim (im Badischen), ein Ort mit knapp 6 000 Einwohnern. Ihr Urtraum ist schon in der Kindheit entstanden:

◖ »Das war ein Traum, der eigentlich nie auf Realisierung ausgerichtet war. Ich hatte das Gefühl, wenn man von einer Buchhandlung träumt, ist es so, als wenn man von einer Einhorn-Farm träumt.

Ich habe nie davon geträumt, zum Mond zu fliegen oder so etwas. Aber ich habe immer schon Bücher gelesen. Ich erinnere mich so gern an meine Großmutter, die uns vorliest. *Mio, mein Mio* war mein Lieblingsbuch. Ich sehe mich in der Erinnerung immer lesen als Kind. Außerdem habe ich mir als kleines Mädchen schon immer Hütten im Wald gebaut, habe mir also eigene Räume geschaffen.«

Wie wurde aus Alex' Urtraum ein Projekt? Am Abend ihres

40. Geburtstags saß sie mit ihrem Freund, ihrer Familie und Freunden zu Hause in ihrem Wintergarten, man hat getrunken, gegessen, geredet und man war mal wieder auf ihren Traum zu sprechen gekommen. Alex:

»Diesen Abend werde ich niemals vergessen. Ich war damals nicht so glücklich mit meiner Arbeit. Und hatte mir schon überlegt, ob ich mich in irgendeiner Form selbstständig machen will. Und ich sag so in meinem Überschwang zu meinem lieben Schwager in spe: ›Und wenn das alles nicht klappt, dann mache ich doch eine Buchhandlung auf.‹ Darauf sagt er: ›Ist das dein Ernst? Nämlich die in Heitersheim würde frei werden. Soll ich dir da mal einen Kontakt machen?‹ Ich sagte: ›Ups.‹«

Der Allererste, mit dem sie über ihren Traum sprach, war natürlich ihr Freund, der spontan gesagt hat: »Bist du wahnsinnig?« Dazu Alex:

»Er meinte es nicht negativ, aber er ist so mein Realitätsbeauftragter, Ingenieur halt, und er fragte mich, ob ich ernsthaft jeden Tag in so einem Laden sitzen wolle. Ich sagte: ›Ja‹.«

Die weiteren Reaktionen waren gemischt. Viele fragten, ob sie wirklich ihren gut bezahlten Job dafür aufgeben wolle.

Alex ließ sich nicht beirren. Sie ging nach der BFB-Methode vor, wie sie sie nennt: Bauch, Fakten, Businessplan. Alles sehr strukturiert. Ihr Bauchgefühl sagte 100-prozentig Ja. Die Fakten besprach sie mit einer Steuerberaterin und einem Buchhandelsberater, die ihren fachlichen Blick auf ihr Konzept warfen. Alex ging ihre Selbstständigkeit wie ein Projekt an.

»Das hatte ich in meiner Arbeit ja oft genug gemacht, Projektplanung ist mir einfach in Fleisch und Blut übergegangen. Und so habe ich dann dieses Projekt auch geplant.«

Sie schrieb ihren Businessplan mit der Vorgabe: keine Schulden machen. Dazu Alex:

»Mein Plan war, keine Kredite dafür aufzunehmen. Der

Traum ist das eine, Schulden machen das andere. Das wollte ich eigentlich nicht. Ich hatte sehr viel gearbeitet die letzten Jahre, habe sehr gut verdient und immer viel gespart. Ich habe gedacht, irgendwann werde ich es brauchen. Meine Eltern waren so nett und haben mich finanziell ein bisschen unterstützt. Investiert habe ich natürlich in die Geschäftsräume, in die Renovierung, in die Ausstattung des Geschäfts, ein bisschen Infrastruktur wie einen Laptop, Internet und natürlich in die Ware. Und das war's. Das war überschaubar.«

Wie viel Zeit hat sie investiert?

»Vor allem in die Planung, recherchieren, denken, Businessplan schreiben, so fünf, sechs Stunden die Woche. Dann Literatur, es gibt tatsächlich ein Buch *Gründung und Führung einer Buchhandlung*. Ich habe auch noch einen Workshop eines Buch-Großhändlers besucht, um gute Tipps zu bekommen. Jede Stunde war gut investiert.«

Als alles geplant und eingeleitet war, kündigte Alex ihre Arbeit, mietete das wunderschöne Gebäude an, in dem sich der Laden befindet, mitten in Heitersheim. Sie suchte einen Namen für ihre Buchhandlung und kreierte »Auslese – Bücher und Schönes für Freunde«. Sie eröffnete am 5. Oktober 2014.

»Und, wie läuft es?«, frage ich sie, als ich sie im Sommer in ihrer Buchhandlung für dieses Buch interviewe. Alex strahlt:

»100-mal besser, als ich es erwartet habe. Ich habe bewusst am Anfang noch keine Werbung gemacht, weil ich dachte, ich fange ganz langsam an. Ich gucke erst mal, wie sich das etabliert. Und ich habe die Tür aufgemacht im Oktober und seitdem ist hier jeden Tag ordentlich etwas los. Alle haben sich wahnsinnig gefreut, dass Heitersheim wieder eine Buchhandlung hat. Heitersheim ist sehr kinderreich und immer mehr Familien mit Kindern ziehen zu. Die freuen sich, dass es diese Buchhandlung mit einer großen Kinderbuchabteilung gibt.«

Alex strahlt ihr Herzenslächeln:

»Ein Kunde hat mir tatsächlich mal erzählt, er ist auch deswegen nach Heitersheim gezogen, weil er hier den Luxus hat, eine Buchhandlung vor der Tür zu haben. Ich dachte ›wow‹, was für eine Verpflichtung, aber auch was für eine Ehre. Eine andere Kundin hat mir erst heute früh gesagt: ›Wissen Sie, eigentlich wünsche ich mir manchmal das muffelige Geschäft von früher zurück, da habe ich nicht ganz so viel Geld ausgegeben wie jetzt.‹ Ist das nicht süß?«

Wieder lacht Alex ihr ansteckendes Lachen. »Das Glück ist mit den Tüchtigen«, sagt der Volksmund.

Alex hat sich ganz am Anfang mal mit dem Bürgermeister getroffen.

»Einfach so, zum Hallosagen. Man muss dem Glück auch Chancen verschaffen. Und der hat gleich den Kontakt zu den Schulen hergestellt. Ich habe letztes Jahr Schulbuchgeschäft gemacht, bevor ich den Laden geöffnet hatte. Also es ist unglaublich, wie viel Positives mir passiert.«

Während sie spricht, leuchten ihre Augen, nein, mehr als das, *sie* leuchtet, sie leuchtet von innen. Sie steht mitten in ihrem Traum, sie ist da, wo sie hin wollte und wohin sie gehört. Sie ist angekommen.

»Viele Kunden sagen mir, meine Freundin, meine Nachbarin hat mir gesagt, ich muss zu Ihnen kommen. Mein Buch-Blog im Internet wird gut gelesen. Ich bin überwältigt. Und was mich so freut nach weniger als einem Jahr, ist, wie viel Stammkunden ich habe, die regelmäßig kommen. Und die sagen ›Tolle Empfehlung letztes Mal. Das Geschenk ist supergut angekommen‹, oder: ›Ich hab das Buch so gern gelesen.‹«

Schöne Geschenke heißt für Alex: Regionales, Produkte von Menschen, die sie kennt, vom Wein von der Nachbarin bis zum Gin aus dem Schwarzwald.

»Am liebsten Produkte mit einem Augenzwinkern, was auch hier in den Laden passt. Ich hab zum Beispiel eine sehr nette Frau aus Köln, die macht Papeterie und die hat eine ganz witzige Not-to-do-Liste produziert, im Gegensatz zu bekannten To-do-Listen-Vorlagen. Die verkaufe ich. Die passt zu mir.«

Außerdem verkauft Alex Stein auf Kommission edle, handgemachte Stühle und Hocker von einem Künstler aus der Umgebung. Sie bekennt ganz offen:

»Mit dem Krimskrams habe ich eine bessere Marge als mit Büchern. Auch durch sie bin ich jetzt schon in den schwarzen Zahlen. Ich frag mich wirklich, warum das nicht mehr Buchhandlungen machen. Ganz viele, die ein Geschenk suchen, nehmen dann auch noch ein Buch mit. Und umgekehrt.«

Und die Literatur? Das Geschäft ist nicht allzu groß. Wie sucht sie die Bücher aus, die sie anbietet?

»Mein Geschäft heißt ja ›Auslese‹. Und es gibt meine Auslese hier. Hier gibt es Bücher, die gefallen mir. Ich suche sie aus. Ich lese aber inzwischen auch Bücher, die meinen Kunden gefallen, und bestelle die. Dann gucke ich auch in den Bestsellerlisten, was wird gerade im Fernsehen besprochen, was wird in der *Badischen Zeitung* besprochen. Wenn ich morgens im Bett Zeitung lese und sehe, da wird ein Buch besprochen, dann bestell ich das schon mal aus dem Bett raus. Damit's am nächsten Tag da ist.«

Wieder dieses verschmitzte Lachen. »Tu, was du liebst« heißt ein sehr bekannter Satz. Hingabe nenne ich das. Und hier, in diesem wunderbaren Geschäft, steht der lebende Beweis für diesen Begriff. Hingabe bedeutet, sich dem hinzugeben, was man liebt, mit ganzem Herzen, mit dem vollen Verstand, mit Tatkraft und Durchhaltevermögen. Alex' Buchhandlung spiegelt genau diese Einstellung wider. Mir fällt jetzt auf, dass nicht nur die Inhaberin leuchtet, sondern der ganze Raum. Durch die

Deckenfenster strahlt eine freundliche Sonne aus einem wohl-
gesonnenen Himmelsblau.

»Hattest du jemals Zweifel?«, möchte ich von Alex wissen.

»Ja, schon. Zweifel im Sinne dieser fiesen, kleinen inneren
Stimmen, die dir sagen: ›Bist du irre, was machst du da eigentlich?‹ Ich glaube, das ist das Gehirn, das sich mit der Veränderung noch schwertut. Und das immer wieder zwischendurch
mal reinschießt. Glaubst du ernsthaft, dass du eine gute Kauf-
frau bist? Dass die Leute auf Dauer diesen Schnickschnack hier
kaufen wollen?«

Sie schaut sinnend aus dem Fenster und sagt dann:

»Da gab es auch so Tage, wo ab mittags eher wenig los war
und ich gedacht habe, so, jetzt waren alle Leute da, die was kaufen wollten. Das war's, tschüss, ade!«

Sie muss selber wieder herzhaft lachen.

»Aber es kamen dann doch immer wieder Leute. Das gehört
wohl auch dazu, wenn man so einen Traum umsetzen will,
man muss lernen, solche Zweifel zu ignorieren, weil man weiß,
dass es richtig ist. Und da können meine inneren Stimmen mir
erzählen, was sie wollen. Sollen sie gern. Ja.«

Gab es auch etwas, was nicht so gut gelaufen ist, was sie
schon wieder geändert hat? Alex überlegt kurz:

»Ich habe sehr viel Romane im Angebot, meine männlichen
Kunden haben gesagt, das sei etwas frauenlastig hier, deshalb
habe ich jetzt extra viele Krimis und Science-Fiction-Romane
für die Herren.«

Sie hat sich einer Einkaufsgenossenschaft angeschlossen und
sagt lachend:

»Alle sind glücklich, die Vertreter und die Verlage! Die freuen
sich einfach, dass sich da jemand traut, eine Buchhandlung zu
eröffnen, die freuen sich mit mir, das find ich ganz, ganz schön.
Die Vertreter sagen immer, Sie sind so positiv, Sie jammern ja

gar nicht. Ich habe ja auch nichts zu jammern. Es ist einfach die Insel der Seligen.«

Nach einem Jahr hat sie den Break-even schon erreicht, also sie kann davon leben. »Sogar gut davon leben«, sagt sie, und wieder ist dabei dieser Hauch von sich wundern in ihrem Gesicht.

»Ich bin jetzt bei den Beträgen angekommen, die ich in meinem Businessplan für das Jahr 5 angenommen hatte. Also wirklich von null auf hundert. Ich bekomme jeden Monat die Auswertung von meiner Steuerberaterin, und ich trau schier meinen Augen nicht.«

Hat sie vor der Gründung über Risiken nachgedacht?

»Ja, ich bin schon risikobewusst. Und ich habe überlegt, was wäre das Schlimmste, was passieren kann? Das ist, dass meine Ersparnisse weg wären, und mein Ego wäre angekratzt. Aber sonst? Was ich nie schlimm fand, ist, dass ich meinen Job aufgegeben habe. Viele haben gesagt, wie kannst du nur? Aber ich habe immer gedacht, ich stelle relativ schnell fest, ob das hier läuft oder nicht. Dann wäre die Zeitspanne nicht so lang und ich würde immer wieder einen neuen Job finden. Da habe ich vollstes Vertrauen. Wobei ich heute sagen muss, dahin will ich auch nie wieder zurück.«

Und wie sieht es mit der Arbeitszeit aus?

»Ich bin wohl die erste Selbstständige, die jetzt weniger arbeitet als vorher. Ich habe 40 Stunden geöffnet, an sechs Tagen. Dazu maximal zwei bis fünf Stunden Büroarbeit in der Woche, für Bestellungen, für die Buchhaltung. Wenn ich Urlaub habe, ist der Laden halt zu. Weil ich mich scheue, schon jemanden einzustellen. Das ist mein Laden, mein Ding. Und so soll's erst einmal bleiben.«

Sie lacht und diese große, warme Freude, die sie ausstrahlt, bringt Herzen zum Schmelzen.

»Aber das Nette ist, dass alle, die mich kennen, mich hier besuchen können, wenn sie mich sehen wollen. Inzwischen ist die Buchhandlung überhaupt schon zu einem beliebten Treffpunkt im Ort geworden …« – sie zeigt auf ihre Espressomaschine – »… auf einen Kaffee. Übrigens, auch mein Privatleben hat sich seit der Gründung verbessert. Ich lebe sehr viel entschleunigter. Genieße sehr viel mehr. Und mein Freund sagt, ich bin viel entspannter, viel gelassener, viel mehr in mir ruhend. Also auch hier erlebe ich noch eine Verbesserung.«

Was rät Alex Menschen, die ihre Träume verwirklichen wollen?

- Träume sind wie Käse oder Wein, sie müssen reifen. Also haben Sie Geduld!
- Ich glaube nicht, dass Chancen nur einmal kommen. Vertrauen Sie darauf, sie kommen wieder!
- Hören Sie auf Ihren Bauch und Ihr Kopfgefühl!
- Lassen Sie sich nicht von Ihrem Traum abbringen, machen Sie aber immer wieder den Realitätscheck!
- Seien Sie bereit, viel dafür zu arbeiten und viel dafür zu geben!
- Seien Sie aber auch bereit, sich dann jeden Tag darüber zu freuen! Das ist so wichtig, damit der Traum, wenn er wahr geworden ist, auch ein Traum bleibt.

Erfüllt sich der Traum,
fängt die Arbeit an

»Wenn du es träumen kannst,
kannst du es tun.«

Walt Disney

»Wenn ich einmal …« Ist es nicht herrlich, von tollen Projekten zu träumen? Wir können uns alles so wunderbar ausmalen, wie wir uns fühlen werden, wie es uns gehen wird, wie erfolgreich wir sein werden. Ach, die Sehnsucht erwärmt unser Herz.

Aber wenn wir den Traum zu lange wie einen bunten Wasserball am Strand vor uns herrollen, pff, dann ist irgendwann die Luft raus. Wir wissen gar nicht mehr, wann genau das Blatt sich gedreht hat, aber nach und nach schwindet die Energie zur Umsetzung und wir werden träge. Irgendwann hängen wir das Anfangskonzept ab, dass uns täglich von der Pinnwand begrüßt hat, und es verschwindet in der Schublade. Wir verlieren die Lust am Weiterdenken, später sicher wieder mal …

Wo gerade noch unsere Träume wie auf einer Frühlingswiese erblüht waren, stolpern wir auf einmal über Hindernisse und Risiken, die uns wie Felsbrocken vor die Füße rollen. Und die Aber-Berge wachsen. Uns wird plötzlich klar, wie sehr die Veränderungen unser ganzes Leben durcheinanderwirbeln würden. Und der Traum, der vor einiger Zeit unser Herz noch zum Schwingen gebracht hat, verflüchtigt sich wie Morgennebel in einem Alpental, wenn die aufgehende Sonne ihn wegschleckt.

Manche Lebensträume sind so gewaltig, dass wir sie erst einmal nicht annehmen können. Im Gegenteil, wir finden die Idee fast als Zumutung: »Wie soll ich denn das alles schaffen?« Aber wenn der Traum das Zeug dazu hat, dann lässt er uns nicht aus seinen Armen, drängt sich immer wieder auf und hält uns still und heimlich fest im Griff. Wir versuchen, ihn abzuschütteln: »Das ist eine Nummer zu groß für mich. Hau ab!« Aber durch die Hintertür kommt er immer wieder zurück.

Hatten Sie schon einmal so einen Huckepack-Traum, der sich nicht wirklich abschütteln ließ? Einen Traum, dem Sie schon dreimal abgeschworen haben, der aber immer wieder um die Ecke lugt? Von dem Ihr Verstand sagt: »Nein, so wahnsinnig kann ich doch nicht sein!« Der in Ihrem Herzen aber immer wieder so einen fast unmerklichen kurzen Hüpfer auslöst? Warum haben Sie diesen Traum weggepackt? Zu groß? Zu schwer? Zu vermessen? Zu viele Hindernisse? Der falsche Zeitpunkt?

Träume brauchen den richtigen Zeitpunkt

Mir ging es mit meiner Coach Akademie so. Schon vor acht Jahren hatte mir ein findiger Geschäftsmann aus der Weiterbildungsbranche vorgeschlagen, gemeinsam eine Ausbildungs-Akademie zu gründen – »Sie mit Ihrem guten Namen, ich mit meiner Marketingerfahrung«, sagte er. Es klang gut, ich fand Gefallen an der Idee. Sie hatte durchaus das Zeug zum Lebenstraum. Dann stellte sich heraus, dass es meinem Geschäftspartner mehr auf Gewinn als auf Qualität ankam, ich sah meinen guten Ruf in Gefahr und stoppte die Vorbereitungen. Die Idee, die damals noch kein Herzenswunsch war, vergrub ich erst einmal wieder.

Vor fünf Jahren griff mein Mann die Idee wieder auf und erarbeitete ein Konzept für die »Asgodom Coach Akademie«. Als er mir das Konzept voller Begeisterung vorstellte, sah ich ihn nur genervt an und tippte mir an den Kopf. Zu meiner Ehrenrettung muss ich sagen, ich war gerade von einer anstrengenden Geschäftsreise zurückgekommen, wir saßen beim Essen und ich war müde. Es war trotzdem kein sehr nettes Feedback. Er nahm es sportlich. Manchmal glauben die Menschen um uns herum eher an diesen Traum als wir selbst. Je mehr sie uns ermutigen, umso skeptischer werden wir bisweilen. Heute weiß ich, ich war einfach noch nicht so weit. Gute Idee, falscher Zeitpunkt.

»Gras wächst nicht schneller,
wenn man daran zieht.«

Afrikanisches Sprichwort

Und dann ergaben sich einige Chancen, die die »verrückte Idee« zum Lebenstraum werden ließen. Ich bekam eine eigene Coaching-Sendung im Bayerischen Fernsehen. Wir produzierten 14 Folgen, in denen ich Gäste live im Studio coachte. Durch die wachsende Bekanntheit als »Fernsehcoach« kam ich auf die Idee, ein Buch über meine Methode, das »Lösungsorientierte Kurzcoaching« (LOKC) zu schreiben (wenn nicht jetzt, wann dann?). Zum ersten Mal reflektierte und beschrieb ich in *So coache ich* meine Art des intuitiven Coachings, arbeitete sehr ausführlich die mehr als 20 Tools (Werkzeuge) aus, mit denen ich seit 1993 arbeite, und sammelte Beispiele aus meiner Praxis. Als das fertige Manuskript vor mir lag, an dem ich ein Jahr lang gearbeitet hatte, wusste ich, jetzt war ich gerüstet für eine eigene Akademie.

Wir veröffentlichten die Idee der Akademie im Herbst 2012,

als das Ausbildungsprogramm stand, und hatten nach wenigen Monaten genügend Anmeldungen für den ersten Kurs. Wir haben seitdem fast 100 Coaches aus- oder weitergebildet. Im Januar 2016 hat der sechste Lehrgang begonnen, und das Projekt hat sich wirklich zu meinem Herzensthema entwickelt. Ich kann mir nichts Schöneres vorstellen, als Menschen zu befähigen, andere Menschen dabei zu begleiten, ihre Träume zu verwirklichen.

Was habe ich aus meinen eigenen Erfahrungen mit dem »verschobenen Traum« gelernt?

- Du brauchst erst einmal ein klares Bild: Was willst du ganz genau machen?
- Du brauchst den richtigen Zeitpunkt, den »Kairos«.
- Du brauchst gute Unterstützer.
- Du selbst musst bereit dafür sein.
- Du musst wissen und akzeptieren, dass sich dein Leben dadurch völlig auf den Kopf stellen kann.
- Du musst dich von dem Irrglauben befreien, dass sich das vollendete Glück ausbreiten wird, wenn der Traum erst einmal verwirklicht ist. Denn meistens fängt dann die Arbeit erst an.

Traumparadies sucht Besitzerin

Das kann niemand besser bestätigen als meine Kollegin Christine Hamester-Koch. Ein Super-Traum namens »Ellernhof« machte ihr mehr als zwei Jahre zu schaffen. Die Bäuerin und Bauernhof-Pädagogin stand kurz vor der Erfüllung ihres Traums, eine Akademie für Natur und Business zu eröffnen, 30 Kilometer östlich von Lüneburg, in einem aufgelassenen Seminarhotel. Sie jonglierte in Gedanken mit Millionen und verzweifelte fast an der Größe des Projekts.

Ich treffe Christine auf dem Hof, in einer herrlichen Landschaft, die Sonne strahlt vom Himmel, große, wunderschöne Bäume spenden Schatten, Vögel zwitschern um die Wette. Wie kann man ein solches Paradies nicht wollen?

Christine lächelt und beginnt zu erzählen:

▶ »Was heißt hier nicht wollen … Können war die Frage. Ich war das fünfte Kind von Eltern, die einen Bauernhof haben. Als ich mit 25 geheiratet habe und von zu Hause weggezogen bin, da war ich ganz traurig. Ich saß am letzten Tag auf meiner alten Kinderschaukel und dachte, oh, du brauchst so ein Reich für dich, und jetzt gehst du und es ist nicht mehr deins. Mir war im Herzen klar, das will ich wieder haben. Aber als fünftes Kind bist du weit davon entfernt, den Hof zu erben, der Erste bekommt ihn vielleicht oder die Zweite.

Dann habe ich mit viel Herzblut den Hof meines Mannes belebt, mit vielen Ideen, dass Kinder, Jugendliche und Erwachsene etwas vom Alltag der Landwirtschaft erleben, tageweise wenigstens. Ich wollte ihnen das Paradies zeigen, das mir von Kindesbeinen an geöffnet war. Aber es war nicht mein Hof, es war der Hof meines Mannes. Wie es so ist in der Landwirtschaft.

Also habe ich mich weiterentwickelt, bin in die Erwachsenenbildung eingestiegen, habe als Trainerin, Coach und Beraterin gearbeitet, nicht nur hier auf dem Hof, sondern ich bin viel gereist, meine Kunden sind zum Teil weit entfernt, in Süddeutschland, in Österreich, in Südtirol, in Luxemburg, zehn Jahre lang. Ich habe vielen Menschen einen Impuls gegeben und mit ihnen Konzepte erarbeitet, wie sie mit ihren Höfen überleben können.

Und trotzdem gab es immer noch den kleinen Wunsch, dass

ich beides koppeln kann – einen Hof für Tiere und Ackerbau und Menschen, und einen Platz, an dem ich Seminare und Tagungen anbieten kann. Dafür war auf dem Hof meines Mannes wenig Platz. Aber es war jahrelang nur ein vager Traum, ich habe nicht danach gesucht.«

Eines Tages kam Christines Mann nach Hause und sagte: »Du, im Osten der Lüneburger Heide, 40 Kilometer von hier, wird ein tolles Tagungshotel verkauft.«

Christine antwortete: »Ich will doch kein Hotel kaufen.«

»Du musst dir das angucken, zehn Hektar Land, ein Wald, drei Häuser, viele Betten, fünf Seminarräume. Du hast doch Gedanken für eine Akademie entwickelt, die du dort umsetzen kannst. Das wäre doch ideal.«

»Ach, Quatsch, dann muss ich auch noch Hoteldirektorin werden.«

»Guck's dir doch einfach mal an.«

Christine lebt diese Situation noch einmal in Gedanken durch und schüttelt immer noch verwundert den Kopf:

»Da bin ich dahin gefahren und was mich sofort sehr ins Herz getroffen hat, waren die alten Baumriesen, die Weite, die absolute Alleinlage, die wunderschönen natürlichen Weiden und der Wald, alles wild-natürlich und gleichzeitig gestaltet. Ich habe mir alles angeschaut, habe die Summe gehört, was es kosten sollte, und habe gesagt, nein, das ist einfach zu groß. Und ich habe gar nicht gesehen, was es mit meinem Traum zu tun hat.« (1. Absage)

Christines Weg bis dahin war nicht einfach gewesen, sie hatte schwer gearbeitet, sie hatte vier Kinder aufgezogen, sie hatte auf dem Hof des Mannes mitgearbeitet und war die letzten zehn Jahre als Coach für Landwirte viel unterwegs gewesen. Schon lange hatte sie auch ein Konzept erarbeitet, wie sie Unternehmen mit den Erkenntnissen aus der bäuerlichen Erfahrungswelt bekannt machen könnte. Und das Bild dieses Seminarhotels ging ihr nicht mehr aus dem Kopf.

»Ich hatte viele Nächte Zeit, mir das mit dem Hotel zu überlegen. Und dann bin ich ein zweites Mal hingefahren. Als ich dort ankam, hatte ich das Gefühl, das ruft dich. Die Birken riefen mich. Die Eichen riefen, komm, mach was aus uns. Dieser Ort hatte so viel Energie. Und ich hätte das auch gern gemacht. Aber alles, was da dranhing, das war zu viel. Ich habe dann den Preis beim damaligen Besitzer noch einmal ein ganzes Stück heruntergehandelt. Aber nach einem Gespräch mit meinem Steuerberater habe ich mich endgültig von dem Traum verabschiedet und habe Nein gesagt.« (2. Absage)

Ich kenne Christine seit zwei Jahren und habe immer ihre Energie und ihren Mut bewundert. Deshalb überraschte mich ihr Zögern, als sich diese Chance bot. Ich frage sie:

»War es nur der Preis, der dich abgeschreckt hat? Oder fehlte dir auch der Mut?«

»Es war vor allem die Lage, in dieser Abgeschiedenheit dieser Region, das war ein großes Risiko. Klar war, dass ein Tagungshotel direkt am Flughafen von Hamburg eher ausgelastet ist als ein Tagungshotel in der Ostheide, eine Stunde von Hamburg entfernt. Damit war klar, man muss hier wirklich was reißen. Da die Hütte seit einem Jahr stillstand, musste man sie wieder zum Laufen bringen. Und ich bin kein Hoteldirektor. Es kann auch kein Chirurg plötzlich einen landwirtschaftlichen Betrieb führen und ein Rechtsanwalt nicht Zahnarzt spielen. Und so war mir klar, es gehört richtig was dazu, um die Zahlen wieder in den schwarzen Bereich zu bringen. Ich brauchte Expertise dazu. Ich dachte, ich mute mir vielleicht doch zu viel zu.«

Ich kannte Christines Traum gut, in einem Coaching hatten wir ihr Konzept für eine Akademie für Natur und Business entwickelt. Ich hatte während der Startphase mit ihr mitgebangt.

»Erzähl doch mal, da war der Traum greifbar nahe und du hast endgültig abgesagt. Wie fühlte sich das an?«

»Sehr schlecht. Es war innerlich ein Zerreißen, weil mein Herz gern Ja sagen wollte, und mein Kopf mit seinen 50 Jahren sagte Nein, die Zahlen sagen es, es wird schwer, sei vernünftig. Du bist erwachsen und groß, und es könnte jetzt ja auch eine Zeit der Leichtigkeit kommen, nach vielen Dingen, die auch schon schwer gewesen sind. Warum solltest du dich in so eine Drucksituation bringen und noch mal richtig von vorne anfangen und dir richtig Tag und Nacht den Kopf machen, dass in diesen Ort so viel Leben hereinkommt, dass die Zahlen stimmen? Du hast Aufträge, es läuft doch. Warum willst du dir das noch mal zumuten? Lass es lieber sein. Auch wenn es noch so schön ist, bleib einfach vernünftig. Ja, und dann habe ich noch mal mutig den Preis beim Verkäufer richtig nach unten gedrückt. Und dann war ich aus dem Rennen. Das war klar. Unsere beiden Wege trennten sich.« (3. Absage)

Christine ist inniger mit der Natur verbunden als jeder Mensch, den ich kennengelernt habe. Sie spürt die Energie von Land, von Bäumen, von Wasser, von Früchten. Ich habe sie erlebt, wie sie mithilfe eines durchgeschnittenen Apfels und seiner Kerne Menschen zu erstaunlichen Lösungen gecoacht hat. Wie konnte sie es aushalten, den Ellernhof aus ihren Träumen zu streichen?

»Ich hatte mich damit arrangiert, aber ich fühlte mich nicht gut. Auch deshalb, weil ich wusste, es gibt einen anderen Interessenten, der diesen magischen Ort zu einer Disco-Hütte umbauen wollte, für junge Menschen, die jedes zweite Wochenende zu Tausenden hier wilde Partys machen würden. Ich wusste, dass der Ort das nicht will. Aber ich habe gedacht, gut, auch das kannst du nicht ändern. Ich wusste aber auch, dass ich dann nie mehr an dem Hof vorbeifahren könnte.«

Also vorbei der Traum, zurück ins alte Leben? So einfach ist das mit Träumen eben nicht. Christine hat dazu eine fast unglaubliche Geschichte parat:

»Es war so verrückt, ich hatte also richtig Nein gesagt, und nach sechs Wochen kommt ein Anruf, am 22. Mai 2014, vom Verkäufer. Und er fragt: ›Frau Hamester-Koch, haben Sie noch Interesse? Ich wollte Sie noch mal anrufen. Ich wäre jetzt so weit, dass ich Ihnen den Hof auch für Ihr Angebot verkaufen würde.‹ Ich habe im ersten Moment gedacht, ach, jetzt fängt der ganze Mist wieder von vorne an. Ja, da war ich erst mal cool und habe gesagt: ›Das weiß ich nicht, ich habe mich eigentlich davon verabschiedet, aber ich denke noch mal nach.‹

Und nachdem ich dann aufgelegt hatte, kam mir noch klarer ins Bewusstsein, dass es eigentlich mein Traum gewesen war. Warum bekomme ich noch mal die Chance, diesen Ort für die Summe, die ich mir berechnet hatte, zu meinem zu machen? Warum wird der Preis so unvorstellbar niedrig für diesen Ort?«

Christine legt noch mal richtig los, Businessplan raus, Hotelberater dazugeholt. Sie rechnen für drei Jahre im Voraus alle Zahlen durch. Die Frage ist: Würde das Projekt finanziell erfolgreich oder nicht? In dieser Zeit nimmt der Traum in Christines Kopf wieder ein ganz klares Bild an.

Sie erzählt:

»Es gab Zeiten, da bin ich beflügelt mit meinem Auto durch die Gegend gefahren, habe die tollste Musik gehört. Ich habe mich auf der Bühne gesehen in dem Seminarraum, die schönsten Seminare ankündigend, Menschen, die mit Freude zu mir kommen. Und es gab Tage, da fühlte ich mich so schlecht, mit Bettdecke über dem Kopf, nicht wissend, wie ich von irgendwem noch einen Kredit herholen sollte, damit ich die nächsten Monate schaffe. Beides hat mich Tag und Nacht umringt. Und ich habe drei Monate schwer gerechnet, habe versucht, die Finanzen zu klären, habe mich bei Banken vorgestellt, habe eine Absage bekommen, eine eventuelle Zusage. Dann bin ich wieder mit mir ins Gericht gegangen und habe erneut abgesagt.« (4. Absage)

Mir läuft eine Gänsehaut über den Rücken, unfassbar. So kurz vor dem Ziel scheint alles ausgereizt, verspielt. Schade. Auch Christine fühlte sich total elend:

»Ich bin in Gedanken am Ellernhof vorbeigefahren und habe in meiner Fantasie einen Vorhang runtergezogen, damit die Bäume mich nicht sehen. Das klingt skurril, aber ich habe mich vor dem Hof geschämt. Wie wenn du jemandem Unrecht getan hast, aber du möchtest nicht, dass der Mensch dich entdeckt. Und du möchtest nicht ein zweites Mal zur Rechenschaft gezogen werden und dich nicht entschuldigen müssen. Ich wollte mich vor diesem Ort nicht mehr rechtfertigen, ich wollte gar nicht mehr gesehen werden in dieser Region, ich bin auch nicht mehr hingefahren.«

In alten Hollywood-Filmen kämen jetzt der Schriftzug »The End« und der lange Abspann. In romantischen Filmen käme natürlich das Happy End. Aber wer glaubt noch an so etwas? Christines Film war jedoch immer noch nicht zu Ende. Sie erzählt es genauso:

»Es waren anderthalb bis zwei Wochen vergangen, dann kommt, wie in einem alten Film, was man sich immer wünscht, was aber noch nie passiert ist. Also, uns besuchen alte Freunde aus Südamerika, die auf Europatour sind. Sie machen mit meinem Mann eine Exkursion zu seinen Biogasanlagen, die er in der Region aufgebaut hat. Und er zeigt denen, ohne mich, den Ellernhof.

Wir sitzen abends zusammen beim Bier, und da eröffnen mir diese beiden wunderbaren Menschen, sie würden sich vorstellen können, als stille Gesellschafter am Projekt mitzuwirken. Da das Objekt so gut in meine Visionen, in mein Leben und in meine Zukunft passt. Sie hätten Interesse, sich zu beteiligen, also am Risiko beteiligen, und sie würden sich dann am Gewinn freuen, wenn es so weit ist.«

Christine erzählt dieses Wunder selbst kopfschüttelnd, und auch ich bin völlig gefangen in dieser Geschichte. Christine beschreibt, was dieses unglaubliche Angebot bei ihr ausgelöst hat:

»Es war klar, nach all den Absagen, jetzt musst du es machen. Brauchst du wirklich noch mehr Zeichen, die sagen, dieser Ort ist deiner? Es gab jetzt kein Zurück mehr, dieses Angebot war so überwältigend und kraftvoll, dass mir klar war, ich muss mich dieser Aufgabe und dieser Verantwortung stellen. Das ist der Weg zu meinem Hof.«

Sie hat zwei Tage später die Freunde verabschiedet und die Ärmel hochgekrempelt:

»Ich habe sofort das gemacht, was sie mir aufgetragen haben – ich sollte die Eltern des Verkäufers, die das Hotel aufgebaut haben und nun in Costa Rica leben, anmailen, um ihnen einfach mitzuteilen, dass ich diesen wunderschönen Ort beleben und in Schwung bringen werde, und ich sollte dem Sohn die Zusage erteilen. Es gab kein Zurück, ich habe das sofort umgesetzt.« (Die Zusage!)

»Es gab zu der Zeit noch zwei andere Interessenten für den Ellernhof, denen hat der Verkäufer dann gleich abgesagt. Ich habe in großer Eile alle rechtlichen und finanziellen Dinge in Gang gesetzt, die Bekannten aus Südamerika brauchten ja einen Bevollmächtigten. Ich habe sogleich einen Rechtsanwaltstermin besorgt für die Gründung einer Gesellschaft, einer GmbH & Co. KG. Das war im Sommer. Und im Oktober war alles geklärt, der Gesellschaftervertrag war unter Dach und Fach, genauso der Kaufvertrag. Ohne Wenn und Aber, Augen zu und durch.«

Am 1. Januar 2015 hat Christine Hamester-Koch den Ellernhof übernommen. Im Mai 2015 hat sie ihn mit einem großen Fest offiziell eröffnet. Was hat seither überwogen, Angst oder Zuversicht?

»Trotz aller Bedenkenträger, die mir von allen Seiten auch noch geschickt wurden, und das ist okay, hat immer die Überzeugung von meinem Traum, meiner Vision überwogen, eine gute Fügung, es darf alles werden. Ich habe die Entscheidung im Herzen getragen, das wird was. Ich habe großes Vertrauen, auch wenn es monatlich immer wieder die Frage ist: ›Schaffe ich es oder schaffe ich es nicht?‹«

Der große Irrtum ist bei vielen Menschen, dass sie glauben, es ist alles nur noch schön, wenn sich ihr Traum erfüllt hat. Das Gegenteil ist der Fall, das haben mir alle meine Interviewpartner bestätigt: Wenn der Traum sich erfüllt, fängt die Arbeit erst richtig an. Diese Erfahrungen musste Christine auch machen:

»Das erste halbe Jahr war so schwer wie selten etwas in meinem Leben. Ich bin so herausgefordert, dass das Luftholen manchmal schwerfällt. Ich atme täglich mehrmals bewusst in den Bauch, damit ich überhaupt noch weiß, wo der Atem hinfließt. Es ist eine Achterbahn, ich habe 17 Mitarbeiter eingestellt, ich muss alle Auflagen einer KG erfüllen, und das muss neben dem Tagesgeschäft geschehen. Zwischen der Altkunden-Wiederbelebung und der Neuakquise, zwischen all dem Vielfältigen einen Weg zu finden neben meiner eigentlichen Aufgabe, den Menschen inhaltlich etwas zu geben.«

Wollte Christine zwischendurch schon mal hinwerfen? Sie verneint erst vehement, gibt dann aber zu:

»Na ja, es gab Sekunden, Minuten, ja vielleicht mal 20 Minuten, wo ich dachte, es wird gesundheitlich grenzwertig. Wenn es wirklich eng wird, bietet mein Mann mir seine Hilfe an und ermutigt mich, wir schaffen es. Was ich großartig finde, das hätte ich vorher nicht erwartet. Dann gibt es die Familie, also meine Geschwister, Nichten und Neffen, die versteht, dass ich immer wieder was Verrücktes mache. Und die mir ganz viel hilft, für mich da ist, und wenn sie hier ist, auch selbst die Kraft dieses Ortes spürt.

Aber es gibt noch mehr Unterstützung: Freunde erweisen sich jetzt als echte Freunde, was vorher noch gar nicht so klar war. Meine Mitarbeiter wachsen über sich hinaus und machen Überstunden, obwohl sie wissen, dass wir die niemals bezahlen können. Es ist ein so großes Entgegenkommen da von Menschen, die mir auch Privatkredite offeriert haben, sonst wäre ich die erste Zeit gar nicht durchgekommen. Alles verbunden mit so einer Großzügigkeit und Liebe, denn ich kann ja wirklich noch nicht sagen, ob ich es zurückbezahlen kann. Aber sie geben mir Geld, und es ist, als soll es so sein, ich kann es nicht beschreiben. Ich denke, die Menschen, die mich unterstützen, spüren meine Liebe, die spüren, dass mein Herz spricht. Die spüren, dass ich authentisch meinen Lebensweg gehe und dass ich ein Geben und Nehmen lebe. Sie sehen, dass da was wird, und sie möchten dabei sein.«

Woraus besteht Christines Vision, die so viele Menschen anzieht? Kann sie diese Anziehungskraft erklären?

»Als Bäuerin möchte ich durch unsere Arbeit hier auf dem Hof den Menschen, die jeden Tag so selbstverständlich Frühstück, Mittagessen und Abendbrot essen, zeigen, welchen Wert die Arbeit von Bäuerinnen und Bauern rund um die Welt hat – ob auf der indischen Teeplantage oder auf dem Kartoffelfeld in Norddeutschland. Bauern schenken uns mit ihrer Liebe zur Arbeit täglich das, was wir brauchen, um uns organisch zu sättigen. Und ich möchte den Bäuerinnen und Bauern zeigen, dass die Prozesse hin zum fertigen Produkt, die Monate und Jahre brauchen, die Seele nähren. Und diese Seelennahrung lässt

Werte entstehen, die sind mit Wachstum verbunden. Diese Prozesse sind für viele unentdeckt, sie sind so einfach und können mit ihren Erkenntnissen jedem Menschen und jedem Unternehmen so viel geben.

Jede Woche sterben landwirtschaftliche Betriebe, weil sie nicht mehr leben können. Und das ist nicht nur schade für die Umwelt oder für die Romantik, sondern für unser aller Seele. Da ich Pionierin bin in diesem Bereich, wird es Jahre dauern, um dieses Bewusstsein zu verankern. Aber daran glaube ich. Ich spreche damit aus, was andere Menschen auch denken, deshalb unterstützen sie mich, es tut ihnen gut.«

Gibt es neben den Unterstützern nicht auch Neider?, möchte ich von ihr wissen.

»Ich habe allerdings auch die Erfahrung gemacht, dass manche, die anfangs begeisterte Unterstützer waren, Neid und Missgunst entwickeln und mich auch schon bekämpft haben, die zu Bedenkenträgern und Kriegern mutiert sind. Ich bin schon darauf eingestellt. Krieger sind meist unzufrieden mit sich selbst, weil sie auch mal einen Traum hatten, aber ihnen vielleicht der Mut fehlte oder sie gescheitert sind. Das weiß ich, und nehme es liebevoll an. Krieg gegen mich ist ein Kompliment.«

Aber die positiven Erlebnisse überwiegen, das möchte Christine auch betonen. Zum Eröffnungsfest sind viele Menschen aus der Region gekommen, die Blumen mitgebracht haben oder Honig von eigenen Bienen oder selbst geschnitzte Teelichter.

»Einfach, weil sie sich freuen, dass ich da bin, dass sich die Region wieder öffnet. Es ist grandios. Ich denke, hier geht eine Tür auf. Diese Menschen nenne ich im Gegensatz zu Kriegern angesteckte Mit-Erfüller.«

Mit den Erfahrungen der letzten zwei Jahre: Was möchte Christine Menschen mitgeben, die sich auch ihren Traum erfüllen wollen?

- Sich Träume erfüllen hat einen Preis. Der Preis, den ich zahle, ist, wenig Zeit für echte Freunde zu haben, keine Auszeit, keine Zeit für mich selbst.
- Wir brauchen einen langen Atem, um wieder Zeit mit anderen verbringen zu können, ohne innerlich abgelenkt und abwesend zu sein.
- Wir brauchen Geduld mit uns selbst und allen, die uns am Herzen liegen.
- Der Gewinn ist die Verbindung mit Berufung und Botschaft, für die ich spüre, auf der Welt zu sein.
- Wertvoll sind die Kontakte mit Menschen, die erst jetzt wirklich nah werden. Eine neue Art Familie aus Menschen, die mit dir den Weg gehen wollen.
- Es ist ein Gewinn, das Herz mit Dingen anfüllen zu können, die sonst niemals einen Platz gefunden hätten.
- Du darfst dann Ja sagen, wenn du so weit bist. Irgendwann ist die Zeit reif. Dann hast du das Alter, die Kunst, die Kraft, die Unterstützung, dann ist die Welt für dich gemacht. Warte ab.
- Ich glaube an den Titel *Deine Sehnsucht wird dich führen*. Ich finde es so lebenswert, Sehnsüchte wahrzunehmen, ihnen Gestalt zu geben und sie zu füttern. Sehnsüchte brauchen den Blick, eine Perspektive, Nahrung, sie dürfen gefühlt und angefasst werden. Und sie nähren das Leben auf besondere Weise.
- Schwärme von deinen Sehnsüchten. Sie haben mit Tränen und herzhaftem Lachen zu tun. Sie brauchen Zeit, alleine, zu zweit oder zu dritt. Sehnsüchte brauchen Freunde. Dann bekommen sie Raum, sie sind nicht nur ein versteckter Streif am Horizont, sondern ein sichtbarer, greifbarer Stern.
- Menschen, die sich ihre Träume versagen und damit abgeschlossen haben, verlieren an Blüte, an Lebendigkeit, sie resignieren so durch den Tag, sind im Sicherheitsbewusstsein an-

gekettet. Sie ankern immer an der gleichen Stelle und dürfen keinen neuen Platz finden. Und sie erlauben auch anderen nicht, verrückte Sachen zu denken, sie sind die Spaßbremsen schlechthin. Und deren Nähe müssen wir meiden.

- Es gibt eine indianische Weisheit, die sagt, dass jeder Traum noch sieben Prüfungen überstehen muss, die dich herausfordern, ob du es wirklich willst. Ich glaube, ich habe vier oder fünf schon hinter mir. Aber es kommt immer wieder was Neues, das weiß ich. Aber diese Prüfungen brauche ich auch, das weiß ich ebenfalls.

- Wir lernen nur durch die Täler. Das sind die Lernstufen, bis der Traum erfolgreich gelebt werden kann. Durchhaltevermögen ist das A und O, es ist die gelebte Kunst, einen Traum wirklich zu leben. Denn die Hindernisse sind schwer und groß. Disziplin ist dann das oberste Prinzip.

Und noch eine ehrliche Einschätzung von Christine zum Abschluss:

»Ich wusste, dass es richtig schwer wird. Aber ich habe nicht gewusst, dass es so schwer wird. Ich habe aber trotzdem das Vertrauen, dass ich das Richtige getan habe. Das innere Wissen entsteht jeden Tag neu, tiefer und intensiver. Das Schönste ist, wenn ich ganz früh aufstehe und noch allein auf dem Hof bin. Wenn jede Raupe, jeder Schmetterling sich bei mir bedankt, dass ich hier bin. Ich spüre, wenn ich allein bin, einen solchen Frieden hier, der ist unsagbar kraftvoll. Ich spüre eine Einheit zwischen Baum und Ameise und Vogel und dem Esel, der schreit, die ich in der Intensität vorher noch nie gespürt habe. Das ist meine Motivation.«

Mut lässt Träume
wahr werden

>*Ein Gewinner ist ein Träumer,
der niemals aufgibt.*«

Nelson Mandela

Stellen Sie sich vor, es gäbe eine Skala von 0 bis 100, die Ihren Mut betrifft. Nicht den Mut zum Bungee-Jumping oder Karaoke-Singen, sondern den Mut, Ihren Traum bei den Hörnern zu packen, sich zu Ihren Wünschen zu bekennen, die ersten Schritte zu machen, Altbewährtes zu verlassen und Neues zu wagen.

Stunde der Wahrheit: Wo schätzen Sie sich ein, wenn es darum geht, Ihren Traum zu verwirklichen: bei 30, 50 oder 80 Prozent? Mut spielt eine entscheidende Rolle beim Verwirklichen von Lebensträumen. Nach meiner Erfahrung ist Mut das wichtigste Bindeglied zwischen Träumen und Handeln, denn:

- Sie können die Sehnsucht einsperren und sich im Gefängnis der Sehnsucht verzehren.
- Sie können Ihren Traum in die Traumwelt verabschieden und sich viele »logische« Gründe dafür einfallen lassen.
- Sie können aber auch Ihren Traum ernst nehmen und ins Tun kommen.

Was Sie brauchen, um einen Handlungsimpuls aufzunehmen und umzusetzen, ist eine gehörige Portion Mut. Mut ist der Antreiber im inneren Unterstützungskomitee Ihrer Sehnsucht. Wie gewaltig diese Sehnsucht Ihren »Traum-Vulkan« zum Ausbruch bringen kann, möchte ich Ihnen in diesem Kapitel zeigen.

Der Sprung
ins kalte Wasser

Ich habe für dieses Buch einen Mann interviewt, der all seinen Mut zusammengenommen hat und dabei ist, seinen Traum zu verwirklichen. Das Risiko ist hoch, der Ausgang offen. Träume sind nichts für Traumtänzer.

Konsequent, alles oder nichts, nach diesem Motto setzt Dirk Römer auf seinen Traum. Der Düsseldorfer hat zusammen mit seiner Frau eine Taschenmanufaktur gegründet, das heißt, sie bieten hochwertige handgemachte Hand- und Reisetaschen an – die einzige Manufaktur dieser Art in Deutschland. Banken und Investoren haben anfangs bei dieser Geschäftsidee abgewunken. Also steckte Dirk Römer sein gesamtes Geld in seinen Traum, von dem er nach wie vor überzeugt ist. In den nächsten zwölf Monaten wird sich weisen, ob er dieses Spiel gewinnen kann. Denn die Kollektion steht, die Produktion steht, jetzt geht es darum, auch an die richtigen Kunden zu kommen. Und das Eigenkapital ist nicht unendlich.

Ich treffe Dirk Römer, den Inhaber und Geschäftsführer von Hanford & Römer, in seinem Büro an der eleganten Düsseldorfer Königsallee. Ich muss das Büro erst suchen, denn es ist ein Tagesbüro in einem Bürocenter. Das begrenzte Firmenbudget steckt er lieber in die hochwertige Entwicklung und Produktion der edlen Taschen, die zwischen 4 000 und 25 000 Euro kosten.

Dirk Römer ist elegant wie seine Taschen. Auf den ersten

oberflächlichen Blick könnte man glauben, er sei nur ein distinguierter Geschäftsmann, der eine gewinnbringende Idee gehabt hat. Aber im Lauf des Gesprächs wird seine Leidenschaft wie ein Vulkan erkennbar, in dem es brodelt und dampft, donnert und zischt. Dirk Römer hat nicht nur Haltung, sondern auch eine Vision.

◖ »Herr Römer, erinnern Sie sich noch, welcher Impuls Sie dazu gebracht hat, Ihren Traum anzugehen?«

»Ich stand an einem Scheideweg. Ich habe mich gefragt, du wirst jetzt 40. Was willst du denn mit deinem restlichen Leben, der zweiten Hälfte also, anfangen? Als wir abends beim Wein saßen, meine Frau und ich, haben wir überlegt, Mensch, wir hatten doch schon immer etwas mit Leder zu tun, wir sind beide wahnsinnig kreativ, haben uns für Qualität interessiert. So ist das gekommen.«

»Was hat denn Ihre Familie, was haben Ihre Freunde anfangs zu Ihrem Traum gesagt?«

»Die haben uns komplett für verrückt erklärt, alle haben gesagt, wo willst du das Geld dafür hernehmen, wie willst du dich jemals gegen die ganzen großen Labels durchsetzen, die ja schon seit Jahrzehnten am Markt sind. Aber wir wollten uns diesen Traum erfüllen. Deshalb haben wir uns vor drei Jahren entschlossen, mit unserem eigenen Kapital die Firma zu gründen, und sind ins kalte Wasser gesprungen. Unser Wunsch war, unseren Kunden eine saubere und schlüssige Produktionskette zu bieten.

Seitdem kämpfen wir uns sozusagen durch. Das ist echt eine Herausforderung, es ist sehr schwer, sich als kleines Unternehmen in diesem Haifischbecken zu bewegen. Jetzt stecken wir mittendrin. Die Kollektion steht, die Produktion steht, aber der Vertrieb ist noch ein Riesenthema. Wir haben am Anfang versucht, über den Einzelhandel zu verkaufen, aber der versteht dieses Produkt nicht. Es ist ja auch viel einfacher, den Wunsch nach Marken, nach Labels zu bedienen. Da brauchst du nur die Tasche über den Tisch zu schieben. Aber Qualität zu erkennen ist ja auch noch ein Thema.«

Holla, Herr Römer kann sich richtig echauffieren. Seine Augen blitzen und trotz seiner auferlegten sprachlichen Zurückhaltung, spüre ich, da tobt der Bär. Ich möchte wissen, was denn das besondere an seinen Taschen ist.

Dirk Römer öffnet eine edle Schatulle mit Lederproben. Während er spricht, knetet er immer wieder fast sinnlich die feinen Läppchen und gerät ins Schwärmen:

»Wir haben verschiedene Lederstärken, dick und trotzdem butterweich, die werden in verschiedenen Farben für uns hergestellt, durchgefärbt. Wir verwenden nur deutsches Leder, denn hier in Deutschland gelten die höchsten Umweltauflagen. Wir arbeiten mit zwei deutschen Gerbereien zusammen, die zertifiziert sind. Und die glücklicherweise edles Leder herstellen. Die Gerbereien arbeiten zum Beispiel auch für die Autoindustrie, die für Luxuswagen eine hohe Qualität benötigt.«

Sorgfältig steckt er die Lederstücke in die Schatulle zurück. Liebeserklärung beendet. Jetzt wird er wieder leidenschaftlich und fast so etwas wie wütend:

»Bei unseren Gerbereien wird Leder ohne Chrom VI gegerbt, denn das ist krebserregend. Im Gegensatz zu Asien, wo es keine Umweltauflagen gibt. Das Leder kommt meist aus Europa in Containern nach Asien, mit jeder Menge Fungiziden besprüht, damit es nicht fault. Dann werden dort die Container geöffnet, die Arbeiter atmen die Gifte ein, barfuß und ohne Handschuhe.

Also in Indien zum Beispiel, das ist eine Katastrophe. Dort wird noch gegerbt wie im Mittelalter, in Flüssen, in Fässern, danach wird eben diese giftige Brühe, die durch das Gerben entsteht, in die Flüsse geschüttet. Oft stehen dort kleine Mädchen, weil die in Indien nichts gelten, barfuß in der Bleiche. Ganz verrückt und pervers. Als wir uns damit noch näher beschäftigt haben, war uns klar, das kommt bei uns nicht infrage. Solch ein Leder will ich nicht kaufen und nicht verkaufen.«

Hinter Dirk Römers geschäftsmäßig cooler Fassade brodelt es. Wenn Sie das Interview im Film anschauen, lassen Sie sich nicht durch sein supergepflegtes Äußeres blenden. Da sitzt ein Kämpfer, mit klarer Haltung und dem Mut zu Konsequenzen.

»Nur Taschen zu fertigen war auch nicht die Idee, Taschen gibt es genug. Unsere Idee war, wir verbinden ein nachhaltiges Produkt mit deutscher Handwerkskunst. Ein Täschner fertigt eine Tasche, vom ersten Zuschnitt bis zum letzten Knöpfchen von Hand. Das ist eine Kunst, und es gibt weltweit nur noch wenige Menschen, die diese Kunst beherrschen. Die Fachleute sind fast vom Markt verschwunden. Und leider wird nicht mehr in diesem Beruf ausgebildet. Das ist in Italien genauso. Da gibt es viele chinesische Firmen, die die italienischen Firmen aufgekauft haben, und so wurden aus Manufakturen schnell Industrien.

Mein Ziel ist, das Produkt für unsere Kunden zu perfektionieren. Bei den meisten Designerlabels will sich ja der Designer verwirklichen. Bei uns kann sich der Kunde seine Tasche selbst zusammenstellen. Es wird alles auf das Maß des Kunden zugeschnitten. Und ich merke, dass wir immer noch etwas verändern und verbessern können.«

Dirk Römers Traum ist die absolute Perfektion. Der hat sie doch nicht alle, könnte man meinen, wenn er erzählt, dass er die Taschenverschlüsse seit Neuestem von einem befreundeten Goldschmied per Hand aus Sterlingsilber fertigen lässt:

»Das sind nicht solche Massenprodukte aus Stahl vernickelt.

oder Messing vernickelt. Bei uns ist es halt aus Silber. Oder wenn die Kundin es wünscht, auch aus Gold.«

Für sich selbst besteht Dirk Römer auch auf Qualität. Das sieht man an seinem perfekten Outfit: den eleganten Manschettenknöpfen an Hemdmanschetten, die genau in der richtigen Länge aus der Anzugjacke ragen, am feinen Tuch in der Brusttasche. An seinem exakt gestutzten Dreitagebart. An seinem Faber-Castell-Stift, der akkurat neben der ledernen Schreibtischunterlage auf dem Schreibtisch ausgerichtet ist. Aber hinter der polierten Oberfläche steckt ein echter Träumer, ja, mehr noch: ein Träumer mit Boxhandschuhen. Ich möchte von ihm wissen, wie er auf diese wunderschön-wahnsinnige Idee gekommen ist, als »Mr. No Name« Taschen für 25 000 Euro verkaufen zu wollen.

»Das ist tatsächlich ganz verrückt. Es scheint in den Genen zu liegen. Denn mein Urgroßvater war Sattlermeister in Düsseldorf vor dem Zweiten Weltkrieg. Leider ist er im Krieg gefallen. Und dadurch hat sich die Firma leider anders entwickelt. Mein Großvater, der Polstermeister war, hat nach dem Krieg eine Polsterei mit Raumausstattung aufgemacht und hat die Sattlerei aus den Augen verloren. Mein Vater hat die Firma dann noch mal umstrukturiert, wir haben viele Jahre lang Banken und Versicherungen eingerichtet, quer durch Deutschland, mit eigenem großen Team, mit eigener Schreinerei. Ich bin dann auch eingestiegen in diese Firma, aber mir hat das nicht so gelegen. Ich bin zwar auch Kaufmann, aber ich bin eher der kreative Kopf. Ich habe mich zunehmend unwohl darin gefühlt.«

Wieder blitzt der Kämpfer in ihm auf. Er erscheint sekundenweise wie ein Ritter aus einer anderen Zeit, der die Windmühlenflügel der Beliebigkeit aufhalten will.

»Am Anfang konnten wir mit größter Qualität arbeiten. Aber dann hat die Branche geschwächelt, heute schreiben Banken Aufträge aus und der Billigste wird genommen. Mit Qualität konnten wir da nicht mehr punkten, es ging nur noch um billig und schnell. Das ist nicht unsere Philosophie.

Kurz bevor ich 40 wurde – ich weiß nicht, ob es etwas damit zu tun hat –, aber da habe ich erstmals den Wunsch verspürt, etwas anderes zu machen, und habe nachrecherchiert, was mein Urgroßvater gemacht hat. Meine Frau und ich, wir sind beide wahnsinnig kreativ und mögen das Besondere. Wir hatten ja das Wissen über Leder und so haben wir einen unserer Lederlieferanten gefragt, ob es nicht eine Firma gibt, mit Taschen oder Mode, die man kaufen kann. Und so war's dann auch. In Offenbach gab es eine Firma, die vorher Taschen industriell gefertigt hat, für die gab es keinen Käufer. Und da haben wir gesagt, wir machen das.«

Äußerlich ganz gefasst, die manikürten Hände fest aufeinandergelegt, erzählt Dirk Römer vom mutigen Sprung mitten hinein in seinen Traum:

»Wir sind ins kalte Wasser gesprungen, haben die Firma gekauft. Wir haben dann ganz für uns und ganz allein angefangen, Taschen zu entwickeln. Erst mal eine Reisetasche für mich, eine Handtasche für meine Frau. Wir sind beide nicht solche Label-Käufer und wollten etwas haben, was uns gefällt. Wir haben die Taschen entworfen, und unsere Mitarbeiter haben es dann umgesetzt. Wir haben die Taschen Freunden gezeigt, die haben gesagt, toll, mach mir doch auch mal so eine. Dann haben wir unsere Produkte Kunden aus dem Einrichtungsbereich gezeigt, und wir bekamen nach zwei Jahren tatsächlich die ersten Anfragen. Dann haben wir uns entschlossen, jetzt machen wir es richtig, machen eine eigene Kollektion und gehen das Risiko ein.«

Dirk Römer hat am Anfang keinen Businessplan geschrieben, er hält nicht viel davon. Er findet, Zahlen sagen nichts über die

Idee, das Produkt aus. Dann musste er doch einen für die Bank schreiben, aber der war ziemlich herzlos, wie er selbst sagt. Jetzt sitzt er mithilfe eines Unternehmensberaters wieder an einem Plan, obwohl es ihm nicht behagt, weil jetzt für den Vertrieb Fremdkapital her muss. Dirk Römer seufzt verhalten auf:

»Die Finanzen sind wirklich das A und O. Das muss jeder Träumer oder Umdenker wissen. Seine Träume darf man darüber aber nicht vergessen. Ich habe über Privatkapital nachgedacht, mich mit Private Equity befasst. Aber die Leute wollen nicht in solche Branchen investieren. Die wollen in die IT-Branche, zehn Millionen investieren, in fünf Jahren 15 Millionen rausholen. Und das können wir natürlich nicht bieten. Deshalb ist eine Manufaktur für Investoren völlig uninteressant. Am liebsten hätte ich einen stillen Teilhaber, der affin zum Produkt ist und der mitträumen können muss.«

Ich schau mir zwei, drei Handtaschen an, die als Muster auf dem Schreibtisch stehen, sie fühlen sich wirklich traumhaft schön an, absolut edel. Aber 25 000 Euro für eine Tasche? Ich schlucke und möchte wissen, wie sein Unternehmen an seine Kunden zu kommen gedenkt.

»Wir haben natürlich keine großen Marketingbudgets, das Ganze sponsere ich immer noch aus meiner eigenen Tasche, und das ist nicht ohne. Wir wollen auch keinen offenen Laden. Die meisten Kunden, die wir haben, kannten wir vorher schon. Es sind Menschen, die das Besondere mögen. Aber das spielt sich eher in der Umgebung ab. Jetzt suchen wir natürlich Kooperationspartner, mit denen man sich gegenseitig vernetzen kann.

Unser Potenzial ist der wohlhabende Kunde, der ein eigenes Standing hat. Also nicht die Jungen, die kaufen, was hip ist. Nicht die zwischen 30 und 40, die nur Labels kaufen und null auf die Qualität achten. Uns interessieren die Menschen ab 40,

50, die rahmengenähte Schuhe tragen, hochwertige Kleidung oder edle Uhren, die sich nichts mehr beweisen müssen. Wenn die investieren, dann richtig. Diese Kunden zu erreichen, ist natürlich schwierig, denn die reagieren nicht auf Werbung. Da geht es nur über Empfehlungen. Wir haben festgestellt, wann immer jemand über uns geredet hat, dann passiert etwas. Wenn wir im Jahr 300 Taschen verkaufen würden, wären wir sehr zufrieden. Mehr ginge im Augenblick auch gar nicht.«

»Was ist Ihre Investition in Ihren Traum? Und welches Risiko sind Sie eingegangen?«

»Die Finanzen sind das eine. Wenn es nicht klappt, bin ich total pleite. Ich habe mein ganzes privates Kapital reingesteckt, weil niemand an uns geglaubt hat. Weil auch Banken nein gesagt haben, obwohl man sich ewig kennt. Da setzt sich so ein Banker, ein BWLer hin und erklärt dir, was nicht geht. Unterstützt wird der deutsche Mittelstand auch nicht. Obwohl wir die meisten Arbeitsplätze bieten, die großen Konzerne bauen doch nur ab. Also, das Risiko ist enorm groß, am Ende mit gar nichts dazustehen.

Dazu kommt die nervliche Belastung, auch privat. Meine Frau und ich leben das Thema ja zusammen. Es dreht sich rund um die Uhr um die Firma, sozusagen 25 Stunden am Tag. Man liegt nachts wach und hinterfragt, war das wirklich richtig, was du getan hast? Ist es das wert? Es gibt Tage, wo ich es komplett bereue, ach, hätte ich es doch nie getan! Aber meistens überwiegt der Traum, wenn wir es schaffen, ist es etwas ganz Tolles. Schlimmer wäre, nachher dazustehen und zu sagen, ich bin den sicheren Weg gegangen und habe den Traum nie ausprobiert. Wenn man sich fragen würde, warum habe ich das nicht gemacht? Was ich hätte haben können! Ich glaube, das ist schlimmer, als zu scheitern.«

»Was gibt Ihnen den Mut, weiterzumachen?«

»Der Glaube an das Produkt und an uns selbst. Der innere Antrieb stimmt. Es fühlt sich immer noch gut an. Ich weiß, wir sind den richtigen Weg gegangen. Ich bin der Risikobereite und meine Frau hat gesagt, sie trägt das mit. Es ist unser gemeinsamer Traum, und wir können ihn auch nur zusammen stemmen. Allein ist es unmöglich. Ich denke, der Partner muss dich unterstützen und dir immer wieder Mut machen.«

Da ist es wieder, das Zauberwort: Mut. Das Wort ist wie der Schlüssel, der ins Türschloss unserer Traumwelt passt. Fehlt er uns, bleibt die Tür zum Wunschleben verschlossen. Ich bewundere Dirk Römer für seinen Mut und seine Frau, sich darauf einzulassen. Und ich wünsche beiden von Herzen, dass die Welt erkennt, wie wertvoll ihr Handwerk und ihre Idee sind.

Was wir
vom Fußball lernen können

Bleiben wir beim schönen Wort »Mut«. Ich mag viele gefährliche Sachen nicht, Bungee-Jumping, Joints rauchen oder vom Dreimeterbrett springen. Ich habe aber seltsamerweise immer den Mut gehabt, Ja zu sagen, wenn es darum ging, meine Fähigkeiten auszuprobieren:

1969 wurde vom Deutschen Fußball-Bund das Verbot aufgehoben, dass Frauen Schiedsrichter werden können. Ich war gleich in der ersten Schiri-Ausbildung dabei.

1979 ergab sich die Möglichkeit, als 26-jährige Journalistin mitten in ein Kriegsgebiet zu reisen, in den ostafrikanischen Sahel. Aber klar war ich dabei.

Als 1992 mein erstes Buch, *Balancing*, erschienen war, wurde ich kurz danach gefragt: »Könnten Sie einen Workshop zu dem Thema halten?« Natürlich, habe ich gesagt, mach ich gern.

Nachdem Termin und Ort feststanden, ich den Vertrag unterschrieben hatte, habe ich mich hingesetzt und das Programm ausgearbeitet.

»Könnten Sie auch einen Vortrag zu diesem Thema halten?«, wurde ich bald darauf gefragt. Klar, habe ich gesagt. Als der Termin vereinbart, das Honorar verlangt und die Zusage da war, habe ich mich hingesetzt und den Vortrag ausgearbeitet. Das war der Anfang meiner Arbeit als Trainerin und Rednerin. Und ich habe gemerkt, beides macht mir Spaß, ja, das will ich tun.

Bleiben wir noch mal bei einem Beispiel aus der Fußballwelt. Vor einem Fußballspiel

- hat der Trainer eine Aufstellung. Also er weiß, welchen Spieler er auf welcher Position spielen lassen wird: Verteidigung, Mittelfeld, Angriff …;
- hat die Vereinsführung eine Vorstellung. Sie äußert diese gern in Pressekonferenzen: »Diesen Gegner müssen/werden/sollten wir bezwingen«;
- hat die Mannschaft eine Einstellung. Hoffentlich eine positive, sonst braucht sie gar nicht erst anzutreten und muss die Trikots nicht schmutzig machen.

Doch das Entscheidende bei einem Fußballspiel (wie bei jeder anderen Sportart auch) ist die Chancenverwertung. Es gewinnt die Mannschaft, die entstehende Chancen auch nutzt. Wenn die Stürmer dreimal neben das Tor schießen, können die vorbereitenden Spielzüge zauberhaft und mitreißend gewesen sein. Das zählt aber nicht. Beim Fußball zählen nur Tore. Es gibt keine Haltungsnoten.

So ähnlich ist es im Leben auch. Wenn dir eine Chance vor die Füße fällt, und du nutzt sie nicht, dann nützt sie dir nichts. »Es lohnt sich nicht, über verschüttete Milch zu jammern«, wussten schon unsere Urgroßeltern. Der weise Aristoteles schuf die Definition »Klugheit ist Weisheit plus Handeln«. Weisheit allein ist wie über ein leer stehendes Tor zu schießen.

Vielleicht ist es leichter, bei Herausforderungen, die an uns herangetragen werden, mutig Ja zu sagen, als selbst etwas anzuschieben oder wegzuräumen. Wenn der Impuls von außen kommt, werden wir angestupst, mit der Nase draufgestoßen und können uns darauf einstellen. Sehr viel schwerer ist es offensichtlich, selbst etwas in Gang zu bringen, Widerstände zu sprengen, Gewohnheiten zu ändern, Neuland zu beackern, das dicke Brett zu bohren. Oder wie ich zu sagen pflege: »Gewohnheiten sind wie Omas Federbetten. Sie sind zwar ziemlich schwer, aber sie wärmen auch so schön.«

Wie läuft das eigentlich ab, wenn Menschen sich zu Veränderungen entscheiden? Es gibt in der psychologischen Literatur ein bekanntes Modell des amerikanischen Wissenschaftlers James O. Prochaska und seiner Kollegen. Sie haben eine Treppe der Verhaltensänderung entwickelt – mit fünf Stufen, die leicht zu verstehen sind:

1. Stufe: Nicht nachdenken

Die meiste Zeit leben wir unbewusst, halb bewusst, in Routinen, die gar nicht in unser Bewusstsein dringen. Es gibt keinen aktuellen Impuls für Änderungen. Wir denken nicht einmal darüber nach.

2. Stufe: Nachdenken

Irgendwann stolpern wir über etwas, stutzen, merken etwas. Dieses »Etwas« dringt in unser Bewusstsein ein. Wir überlegen, dass wir irgendetwas ändern sollten. Wir wägen Pro und Kontra ab.

3. Stufe: Vorbereitung

Die Waage neigt sich zur Veränderung. Wir beschließen, tätig zu werden. Wir überlegen uns realistische Pläne und Methoden. Wir bedenken Hindernisse und finden Wege, sie zu überwinden. Und wir kündigen die Veränderung anderen gegenüber an.

4. Stufe: Aktion

Wir tun das, was wir nach unserem neuen Denken für angemessen halten. Wir ändern also, wie wir uns bis eben noch verhalten oder was wir gedacht haben. Und wir erkennen, dass es funktioniert und uns guttut.

5. Stufe: Beibehalten

Wenn uns diese Verhaltensveränderung Nutzen gebracht hat, meistens braucht die Erkenntnis drei bis sechs Monate, behalten wir sie bei, auch wenn dies mit Mühe verbunden ist.

Ich habe dieses Treppenmodell in ein »Phasenmodell der Sehnsucht« umgewandelt.

Finden wir bei der Traumerfüllung ähnliche Phasen? Wie bekommen wir die Vielfalt der Erfüllung eines Lebenstraums in einem solchen Modell abgebildet?

Während ich über ein solches Modell nachdenke, denke ich an den wunderschönen Berg, den ich hier im Hotel jeden Tag von meinem Schreibtisch aus sehen kann. Er erhebt sich über 2000 Meter hoch kegelförmig über die Baumgrenze. Seine Südflanke ist eingebrochen, deshalb sieht er aus wie ein Vulkan. Manchmal hängen sich Wolken an seinen Gipfel und er sieht aus wie ein ausbrechender Vulkan.

Ich finde Vulkane faszinierend, und das Bild »meines Vulkans« verfolgt mich regelmäßig bis in den Halbschlaf. Heute früh wusste ich, wie ich die Phasenlehre der Sehnsucht abbilden kann: als Vulkan, als Traum-Vulkan. Tief im Inneren eines echten, aktiven Vulkans köchelt das Magma, also flüssiges Gestein aus dem Erdinneren.

Die sieben Phasen der Traumverwirklichung

Im Traum-Vulkan köchelt heiße Sehnsucht. Am Anfang verhalten, aber dann angeregt durch Helfer höher steigend bis zum Ausbruch. Das Ansteigen der Sehnsucht erhöht die Energie in unserem Traum-Vulkan und führt in sieben Phasen zur Veränderung:

In *Phase 1* leben wir unser Routineleben. Wir machen das, was wir immer gemacht haben, und bekommen das, was wir immer bekommen haben. Vielleicht rührt sich ab und an ganz leicht eine unbestimmte Sehnsucht in uns. Aber es gibt noch kein klares Bild davon, das uns gefangen nehmen könnte. Wir sind gut beschäftigt und abgelenkt, wir spüren die Sehnsucht noch nicht – und somit beunruhigt sie uns auch nicht.

In *Phase 2* passiert etwas, das uns aufweckt, verstört, verunsichert, das Unzufriedenheit weckt oder heiße Bedürfnisse. Wir bekommen einen erstens Impuls, dass sich etwas ändern muss. Vielleicht haben wir einen runden Geburtstag gefeiert, der uns nachdenklich gemacht hat. Oder jemand hat uns einmal zu viel gekränkt und jetzt ist wirklich Schluss mit dem Hinnehmen! Oder wir haben einen Beitrag im Fernsehen gesehen, der uns emotional ergriffen hat. Das Sehnsuchts-Magma ist ein Stück gestiegen und fängt an zu brodeln. Wir sind beunruhigt, aber auch positiv entflammt.

In *Phase 3* steigt der Sehnsuchtspegel weiter an. Leichte Rauchfahnen, die aus dem Vulkan steigen, kündigen Aktivität an. Der Wunsch nach einem anderen Leben, nach Sinnhaftigkeit, Abenteuer oder mehr Spaß steigt. Das Bild unseres zukünftigen Lebens gewinnt an Schärfe und damit auch an Sogwirkung. Wir fühlen uns wie elektrisiert und magisch angezogen von Veränderungen. In diesem Stadium beginnen wir, anderen von unserem Wunschbild zu erzählen.

In *Phase 4* kaufen wir uns zum Beispiel ein Buch über Menschen, die ihre Träume verwirklicht haben. Oder wir suchen uns im Internet die Vorlage für einen Businessplan heraus, einfach so. Wir suchen Gleichgesinnte oder googeln alle Möglichkeiten, die es für die Umsetzung unseres Traums gibt. Wir schreiben ein Konzept und machen Pläne, mit denen wir unsere Umgebung nerven. Wir erleben plötzlich lauter sinnvolle Zufälle, treffen Menschen, die uns helfen können und wollen. Die Sehnsucht steigt unaufhaltsam, sie wird zusätzlich angeheizt von ihren »Kollegen«: von Stärke, Mut, Hoffnung, Zuversicht und Vertrauen.

In *Phase 5* schießt die Sehnsucht mit Macht hell strahlend aus dem Vulkan heraus und verteilt sich in der ganzen Umgebung. Wir setzen unseren Traum aktiv um, treffen Entscheidungen, bewegen uns, klären Dinge. Wie ein Leuchtfeuer führt uns der Schein in unser neues Leben. In der Helligkeit erkennen wir Chancen und schaffen uns weitere. Manchmal »verbrennt« die Eruption der Gefühle und des Handelns allerdings Dinge, die zu nahe oder im Weg waren. Dann treffen wir dramatische Lebensentscheidungen: Mit diesem Mann/dieser Frau werde ich niemals glücklich! Oder: Ich muss aus dieser Stadt raus! Oder: Kündigen, egal, was kommt!

In *Phase 6* leben wir das neue Leben, das wir uns sosehr erträumt haben. Wir probieren uns aus und lernen, was geht und was nicht geht. Wir investieren Zeit, Mühe und Geld in den Traum. Und ernten die ersten Früchte. Wo ist unsere Sehnsucht? Sie hat viel Energie verloren durch den Ausbruch und fließt gemächlich die Hänge des Traum-Vulkans herunter. Ab und an lodern einzelne Bahnen noch einmal auf, wenn sie auf Hindernisse stoßen und sich wieder entzünden.

In *Phase 7* hat sich das Sehnsuchts-Magma abgekühlt und mit seiner Kraft den Boden rings um den Vulkan fruchtbar gemacht (wie echte Lava auch). Wir leben unser neues Leben, genießen die Erfüllung, kämpfen tapfer weiter mit Schwierigkeiten und Barrieren. Unser Inneres beruhigt sich nach und nach wieder und gewöhnt sich an das neue Lebensgefühl. Wir haben vielleicht gelernt, uns besser abzugrenzen. Und diese neue Erfahrung fühlt sich nach einiger Zeit schon völlig normal an. Oder wir haben den neuen Job gefunden – und gewöhnen uns bald an ihn. Oder wir haben die Weltreise unternommen – und die Erinnerung verblasst langsam wieder. Oder wir engagieren uns jetzt aktiv für Kinder oder gegen Massentierhaltung – und fühlen uns am richtigen Ort, um etwas zu bewirken.

Wenn der Vulkan erlischt

Diese Beschreibung des Traum-Vulkans geht davon aus, dass sich der Lebenstraum erfüllt. Doch was passiert, wenn in den Phasen 2 bis 5 das Ansteigen des Sehnsuchts-Magmas unterbrochen wird, vielleicht weil das Unterstützungskomitee zu schwach war und es an Mut oder Vertrauen gemangelt hat? Oder weil die Energiezufuhr plötzlich durch die blanke Wirklichkeit abgeschnitten wurde? Dann gibt es drei Möglichkeiten:

Variante A: »Der Drucktopf«, Variante B: »Sich freikaufen« und Variante C: »Ofen aus«.

Variante A: »Der Drucktopf«

Die heiße Sehnsucht brodelt zwar tief in unserem Inneren, aber wir haben den Ausgang mit dicken Felsbrocken fest verstopft. Das könnte ja viel zu gefährlich werden, wenn uns unser Leben um die Ohren fliegt …! Wir haben uns an dieses dumpfe Grummeln in uns gewöhnt. Aber es entwickelt sich immer mehr zu einem negativen Grundrauschen, das verhindert, dass wir mit unserer gedämpften Lebenskraft wirklich glücklich sind. Ab und zu spüren wir, wie der Druck ins uns zunimmt. Woran merken wir das? Wir werden zornig oder traurig. Oder wir maulen und mäkeln an unseren Liebsten herum, die gar nicht wissen, was sie falsch gemacht haben. Oder wir reden böse über Menschen, denen es gut geht, weil wir es nicht ertragen können, sie in ihrem Glück erleben zu müssen … Und regelmäßig, wenn der Druck nicht mehr auszuhalten ist, sucht sich unsere Sehnsucht einen Nebenschlot im Traum-Vulkan als Ventil, bevor wir »platzen«. Solche Ventile können sein: Wutanfälle, Kaufattacken, tiefes Selbstmitleid, eine Süßigkeiten-Orgie, wüste Beschimpfungen anderer, eine neue Frisur, die Wohnung umräumen, Neid und Missgunst, ein Lotto-Dauerschein, ein roter Porsche … Nur durch Dampfablassen können wir unser gedämpftes Leben ertragen.

Variante B: »Sich freikaufen«

Gedämpft kann auch ein Leben sein, das mal ein Traum sein sollte. Etwa, wenn immer noch viel zu viel Pflicht neben der Kür läuft. Wenn wir uns unseren Traum nur erfüllen können, indem wir auf der Sollseite des Lebens tüchtig einzahlen. Mir fällt dazu ein simples Beispiel ein: die Frau, die für Mann und Kinder ganz viele Mahlzeiten vorkocht, bevor sie mit ihrer Freundin ein paar Tage wegfährt. Nicht dass ihr das Spaß machen würde, aber sie hat das unbestimmte Gefühl, dass sie sich »freikaufen« muss. Erinnert Sie das auch an den Spruch »Erst die Arbeit, dann das Vergnügen«?

Freikaufen für den eigenen Traum – ich weiß, wovon ich rede. Das ist ganz schön anstrengend. Um im Vulkanbild zu bleiben: Menschen mit der Variante »Freikaufen« feuern aus zwei Schloten. Einerseits erfüllen sie alle Erwartungen an sich, übernehmen die Verantwortung für viele Menschen, haben niemals jemand anderen im Stich gelassen. Das reicht eigentlich schon für ein ganzes Leben.

Aber auf dieses für sich schon kraftzehrende Leben packen sie andererseits noch die Dinge oben drauf, die ihnen persönlich Spaß machen oder die ihnen wichtig sind. Ihre Träume eben. Aber immer mit Rücksicht, niemals auf Kosten anderer. Klingt anstrengend? Ist es auch für »Mr./Ms. 200 Prozent«. Die Folge: Da diese Menschen beide Seiten des Himmels wollen, bleibt für Ruhepausen keine Zeit. Urlaub, was ist das? Wochenenden ohne Hobbys oder gar auf dem Sofa herumliegen – niemals! Das soll nicht nach jammern klingen. Aber so ein Leben ist für viele engagierte Menschen, die ich kenne, Normalität. Man kann nur für sie hoffen, dass die Sehnsuchts-Glut ausreicht.

Variante C: »Ofen aus«

In dieser Variante haben Menschen ihr inneres Feuer wirksam erstickt. Der Vulkan ist erloschen. Übrig bleibt kalte Asche. Die Sehnsucht ist gestoppt. Wir haben uns von unseren Träumen verabschiedet. Das tut über weite Strecken nicht einmal weh. Wir leben die von uns so bezeichnete Normalität und belächeln Spinner, die von wirren Träumen erzählen. »Das Leben ist eben kein Ponyhof.« – »Wir sind hier nicht bei ›Wünsch dir was‹, wir sind hier bei ›So isses‹«. Und was der Desillusionierten-Sprüche mehr sind, die sich so prima auf Frühstücksbrettchen verkaufen. Nur ab und zu vermissen wir noch ganz entfernt dieses verwirrend schöne Gefühl, das wir kurz kennengelernt haben, nämlich direkt mit dem Erdinneren verbunden zu sein. Aber wir stehen ja abgeklärt mit beiden Beinen fest am Boden. Das geht schon so. Wenn der Ofen aus ist, kocht unser Leben auf Sparflamme.

Nachdenklich geworden? Wie sieht es in Ihrem ganz persönlichen Traum-Vulkan aus?

- Feuer oder Asche?
- Brodelt oder »todelt« es?
- Riskieren Sie noch etwas oder fehlt Ihnen Mut-Zufuhr?
- Fühlen Sie nichts, fühlen Sie sich, und fühlen Sie sich stark genug, Ihren Traum umzusetzen?
- In welcher Anstiegsphase der Sehnsucht befinden Sie sich?
- Welche Ventile nutzen Sie?
- Was fehlt noch zum Durchbruch?

Geduld – die starke Schwester der Sehnsucht

*»Wenn du dein Schicksal nicht ändern kannst,
dann ändere deine Einstellung.«*

Amy Tan, amerikanische Autorin

Das Leben ist kein Hammerwerfen. Klingt vielleicht ein bisschen kryptisch. Lassen Sie es mich erklären. Die Sportdisziplin des Hammerwerfens haben Sie bestimmt schon einmal im Fernsehen gesehen: drehen, drehen, Schwung, Wurf – und je nach Ergebnis ein »Ah« oder »Oh« der Zuschauer. Sieger oder Verlierer. Neuer Versuch. Drehen, drehen, Schwung, Wurf …

Wie komme ich aufs Hammerwerfen? Manche Motivations-Gurus erinnern mich daran, wenn sie Menschen monoton einhämmern:

- Du kannst es, wenn du nur willst!
- Du kannst alles erreichen!
- Wer will, der kann!
- Du musst dich durchbeißen!
- Du musst dich nur anstrengen!
- Du musst es nur wollen!

In diesen Durchhalteparolen ist eine starke Zwangskomponente versteckt. Jemand will Ihnen einreden, dass Sie alles schaffen können, wenn Sie nur … Und dieser jemand behauptet, er wisse genau, wie es geht. Komisch, ich werde immer sehr skeptisch, wenn mir jemand vorschreiben will, wie ich leben soll. Sei der Hammerwerfer deines Lebens? Nein, daran glaube ich nicht. Ich glaube, das Leben ist kein Hammerwerfen, das technisch immer gleich und immer gleich schnell abläuft, keine Rekordsuche, kein »Wir können alles haben«.

Leben ist organisch, es verändert sich fortlaufend. Es ist etwas Kunstvolles, das sich ausbildet und vergeht, wie eine Schneeflocke, deren Kristalle sich durch äußere Einflüsse gestalten und verändern. Und wenn das Leben Kunst ist, braucht es kein verbissenes Einhalten von Erfolgsprogrammen irgendwelcher Gurus, sondern Kreativität und Zufälle. Unser Leben ist im ständigen Austausch mit der Welt: mit dem Wetter; mit dem Bus, der pünktlich kommt oder nicht; mit der Liebe; mit dem Gelingen oder Misslingen von Projekten; mit anderen Menschen; mit der Stimmung um uns herum.

Und unsere Träume? Sie brauchen in diesem Leben des Werdens und Vergehens vor allem Zeit. Denn sie sind empfindlich, flüchtig, leicht zu erschrecken. Sie brauchen Zeit, sich bemerkbar zu machen, Zeit sich zu entwickeln, Zeit zu wachsen, Zeit zu reifen, Zeit sich zu manifestieren. Und was ist der Feind des Zeithabens und Zeitgebens? Ungeduld. Ich bin überzeugt davon, dass die meisten Menschen, die einem Traum folgen, zu früh aufgeben, zu schnell hinwerfen, zu schnell enttäuscht sind, wenn sich ihre Erwartungen nicht gleich erfüllen. Wir leben ja auch in einer Gesellschaft, die den schnellen Erfolg propagiert:

- Kauf dir das teure Auto, und dein Image wächst in drei Sekunden von null auf hundert.
- Färb dir die Haare in den Farben der Saison, und du wirst sofort umschwärmt.

- Trink jeden Morgen diesen Joghurt, und du hast sofort mehr Energie.
- Ein Seminaranbieter wirbt mit »Charisma in drei Tagen«.
- Kauf dir teure Nachtcreme, und du hast in vier Wochen keine Falten mehr.
- Deine Ehe ist langweilig – hier findest du die schnelle Affäre.
- Mach dich mit diesem Kredit selbstständig und werde der Unternehmer des Jahres.

Werbung, Fernsehen, alle Medien propagieren den Instanterfolg. Klappt es nicht? Ja, dann haben wir da noch etwas anderes im Angebot.

Kennen Sie die Aussagen »Erfolg ist, was auf harte Arbeit folgt« oder »Erfolg ist 10 Prozent Inspiration und 90 Prozent Transpiration«? Klingt nicht so sexy, kommt der Wahrheit aber nach meiner Beobachtung sehr viel näher. Leider aber wirken diese Aussichten ernüchternd auf manche Menschen. Da hat sich die Sehnsucht in ihnen gemeldet, ein Traum, ein Bild der erwünschten Zukunft hat sich gezeigt, aber viele scheuen die Anstrengung und die Hindernisse und einen möglichen Misserfolg und lassen lieber die Finger davon.

Jawohl, Geduld ist die starke Schwester der Sehnsucht. »Patience«, wie die Engländer sagen. Es erinnert mich an das Wort »Passion«, Leidenschaft. »Passion pays« habe ich einmal als Überschrift in einer amerikanischen Zeitschrift gelesen. Ich bin überzeugt davon, dass es stimmt. Wenn Sie das tun, was Sie gut können und gerne tun, haben Sie eine Chance, damit erfolgreich zu sein. Eine kleine Einschränkung: wenn die Welt das braucht, was Sie können und tun.

Vielleicht denken Sie jetzt: Geduld? Das klingt zu sehr nach Abwarten und Nichtstun. So ein Alte-Leute-Wort. Das soll Ihnen helfen, Ihre Ziele zu erreichen? Ja. Geduld hat auch die Bedeutung von dranbleiben, aushalten, geschehen lassen, beobachten, nicht hinschmeißen. Ich selbst habe Geduld nicht in die Wiege gelegt bekommen. Ich habe sie mithilfe vieler anderer Menschen lernen dürfen.

Ich möchte Ihnen die wichtige Rolle der Geduld an einem Beispiel zeigen. Es hat mit einer Frau zu tun, die viel Geduld bewiesen hat, bis sich ihr Traum glücklich erfüllt hat.

Der Traum vom Reiterhof

Margit Dellian, heute 50, hat mit Pferden ihr Lebensglück gefunden. Erst kam das Traumpferd, dann der Traummann und dann der Traumjob. Ich treffe Margit zum Interview auf einem Reiterhof inmitten von Weinbergen in der Nähe von Heilbronn. Wir kennen uns schon mindestens 20 Jahre, und ich habe ihren Werdegang punktuell verfolgt und einmal auch kurz begleitet.

Ich bitte Margit Dellian: »Erzähl mir was vom Pferd.«

▶ »Ich komme aus einer Unternehmerfamilie, mein Bruder führt in vierter Generation eine Spedition. Ich war die Einzige in meiner Familie, die sich von Kind auf für Pferde interessiert hat. Das Blöde war nur, dass keiner die Leidenschaft mit mir wirklich geteilt hat. Also, das heißt, meine Eltern haben mir eine sehr gute Ausbildung mitgegeben, aber Geld und Zeit für den Reitunterricht gab es eher nicht. Vielleicht mal von der Tante im Urlaub.

Ich habe Betriebswirtschaft studiert, war lange Zeit im Ausland. Danach habe ich im Bereich Kommunikation in einem großen mittelständischen Versandunternehmen gearbeitet. Erst als ich mich selbstständig gemacht habe, kamen die Pferde in mein Leben. Weil ich dann beschlossen habe, mir endlich meinen Traum zu erfüllen und reiten zu lernen. Da war ich dann fast schon 35. Nach dem Einstieg habe ich mir sehr schnell selber mein erstes Pferd gekauft.

Meine Firma lief ganz ordentlich, vier Mitarbeiter, Schwerpunkt Presse und Öffentlichkeitsarbeit, gute Kunden. Ich war glücklich, das Pferd in meiner Freizeit war ein guter Ausgleich, ich war viel in der Natur unterwegs. Ich habe bemerkt, wie das Pferd mich verändert hat. Ich bin nämlich von Natur aus ein sehr emotionaler Mensch, kommunikativ, extravertiert und ungeduldig. Und wenn ich dann nach einem aufreibenden Tag in den Stall zu meinem sensiblen spanischen Pferd kam, habe ich gemerkt, dass ich es zur Verzweiflung treibe – hoppla, jetzt komm ich, und jetzt muss alles schnell und möglichst gleichzeitig passieren. Das Pferd war völlig überfordert und im Grunde passierte gar nichts mehr, obwohl mir das Pferd sehr zugetan war. Ich habe gemerkt, dass ich runterfahren und erst mal bei mir selber ankommen muss und dass ich dann erst mit sehr wenig sehr viel mehr bei einem Tier erreiche.

Über die Jahre lief es mit der Agentur gut, aber ich fühlte irgendwann, dass mir noch etwas fehlte. Nur Geld verdienen und nur alles richtig machen war vielleicht ganz in Ordnung, aber die Sinnhaftigkeit fehlte mir. Ich habe viele Jahre gebraucht herauszufinden, was es sein konnte.«

Margit lebte damals in Frankfurt, das Büro lag zwischen einer vierspurigen Hauptverkehrsstraße und einer ICE-Trasse hinten raus, auch das Pferd stand in der Nähe von Frankfurt. Das war ihr damaliges Leben. Margits erste Ehe war gescheitert. Da tauchte nach einiger Zeit ein neuer Mann auf, den sie schon ziemlich gut fand, der damals aber gar nicht in ihr Leben passte. Er kam aus dem idyllischen Schwabenland, aus Heilbronn, und sie konnte sich nicht vorstellen, dort, mitten in den Weinbergen, mit ihm gemeinsam zu leben.

»Die Veränderung kam dadurch, dass dieser Mann, ehemaliger Leistungsruderer, es erst mal toll fand, dass ich auch so sportlich war. Dann begann er, sich für mein Pferd zu interessieren. Er fand es so faszinierend, wie fein man mit diesem Tier kommunizieren kann, dass er sich auch ein Pferd zulegte und mit 50 Jahren anfing zu reiten. Das ist jetzt sechs Jahre her, und er ist inzwischen ein recht guter Reiter geworden und ein superguter Kutschenfahrer. Wir haben inzwischen fünf Pferde. Und er ist fast noch schlimmer als ich. Er sagt, die Pferde haben ihn um den kleinen Finger gewickelt.«

Margit lacht ihr herzliches Lachen und freut sich ganz offensichtlich, wie dieser Mann ihre Leidenschaft teilt.

Welcher Impuls hat sie dazu gebracht, mit ihm zusammenzuziehen, den Sprung von Frankfurt nach Heilbronn zu wagen?

»Der Impuls war, dass ich gemerkt habe, dass er mich wirklich liebt. Und dass er wirklich alles für mich tut. Nachdem er sein Leben so stark an meines angepasst hat, war für mich klar, dass ich den großen Schritt machen und zu ihm ziehen kann.

Zu dem Zeitpunkt hatten wir drei bis vier große Kunden. Ich hatte Bedenken, dass der Umzug mich vielleicht Kunden kosten könnte. Ich habe deshalb anfangs das Frankfurter Büro beibehalten, habe aber dann gemerkt, dass es den Kunden um die Menschen in der Agentur ging, die sie betreut haben, nicht um den Standort. Es war also mehr mein Problem, nicht das unserer Kunden. Das neue Leben mit meinem Mann hat mich inspiriert, noch mal in mich reinzuhorchen, ich war ja immer noch auf der Suche nach etwas Neuem, Sinnhaften. Ich bin allein nicht darauf gekommen. Und genau vor fünf Jahren, auf einer Autofahrt, es war in der Nähe von Mannheim, kam mir wie ein Blitz die Idee, das Thema ›Pferde‹ mit dem Thema ›Kommunikation‹ zu verknüpfen.«

Margit schüttelt bei der Erinnerung den Kopf über sich selbst:

»Ich dachte damals, ich wäre die Einzige auf der ganzen Welt, die diese Wahnsinns-Idee hat. Musste dann leider per Internet feststellen, dass es schon eine ganze Menge Anbieter auf dem Markt gibt, die Kommunikation und Arbeit mit Pferden verbinden. Aber meinen Elan hat das nicht gebrochen, da ich wild entschlossen war, mein eigenes Konzept zu entwickeln.«

Margits Idee war, Pferde einzusetzen und mit Führungskräften an den ganz menschlichen Problemen zu arbeiten, den Soft Skills, an denen es ihrer Erfahrung nach in der Menschenführung fast immer scheitert. Sie nahm ihre Leidenschaft, ihre Erfahrungen und ihre beruflichen Fähigkeiten zusammen und entwickelte ein Konzept. Sie baute eine eigene Pferdemanege. Sie kaufte zu den zwei vorhandenen Pferden noch drei heißblütige spanische Hengste dazu.

Der Anfang war trotzdem nicht leicht:

»Dass es so ein harter Weg dahin werden würde, wusste ich vor fünf Jahren noch nicht, und das war auch gut so. Ich war ja von der Idee besessen, ich wusste auch, dass es funktionieren würde. Aber meine Kunden wussten das natürlich noch nicht. Und der Weg, aus der eigenen Überzeugung ein marktgerechtes Produkt zu entwickeln und die richtigen Kunden dafür zu finden, Preise durchzusetzen, das kann dich auch ruinieren. Diese Hindernisse können dazu führen, dass dein Traum auch zu einem Albtraum werden kann.«

Wie hat sie es geschafft?

»Ganz gut war es, das bestehende Geschäft zu behalten, die Kommunikationsagentur, meinen ureigenen Job, der ja ordentlich lief. Das war die Cashcow, die die neue Idee auch finanzieren konnte. Ich war Gott sei Dank bankenunabhängig. Ich glaube, dass mir auch keine Bank dieser Welt diese Pferdeseminar-Geschichte finanziert hätte. Wir haben das aus eigenen Mitteln geschafft.«

Wie war die Reaktion ihrer Umgebung?

»Meine Familie hat das nicht überrascht, die kannten das schon, ich hatte als Kind schon eigene Ideen. So habe ich mit elf Jahren beschlossen, in ein Internat zu gehen. Sie wussten, wenn ich etwas will, dass ich das auch mit ganzer Konsequenz umsetze. Nur bei meinem Bruder, der so ein richtiger niederbayerischer Hardcore-Unternehmer ist, habe ich schon gemerkt, dass er anfangs dachte, jetzt sei ich endgültig durchgeknallt. Den habe ich zum ersten Testseminar mit den Pferden eingeladen. Und als er sagte, wow, das Ding wird rennen, das war für mich wie ein Ritterschlag. Da wusste ich genau, dass diese Idee wirklich in die Herzen der Menschen geht, gerade bei bodenständigen Unternehmen und bodenständigen Chefs. Aber es hat fünf Jahre gebraucht, bis sich das Geschäftsmodell auch einigermaßen trug.«

Was war die größte Frustration zwischendurch?

»Frustriert haben mich Personalabteilungen. In meiner Naivität dachte ich, dass die Leute in den Personalabteilungen eigentlich diejenigen sein müssten, die meine Idee verstehen und neue Konzepte toll fänden, aber das war nicht der Fall. Ich habe gemerkt, dass es eher die Chefs und Chefinnen selber sind, die ich ansprechen muss. Warum wird ein Unternehmer Unternehmer? Weil er auch mal über den Tellerrand hinausschauen kann. Weil er auch mal ein Risiko eingeht, weil er keine Angst hat, dass auch mal was in die Hose gehen könnte. Das waren dann auch meine ersten Kunden, und ich habe gelernt, dass es nur über diese Etage gehen kann.«

Wenn Margit gewusst hätte, was auf sie zukommt, hätte sie es mit dem gleichen Elan geschafft?

»Nein, ich hätte gleich am Anfang aufgegeben. Wenn ich gewusst hätte, was finanziell, aber auch an Arbeit, an Frustration, an Energie, an Konflikten auf mich zukommt, hätte ich es gelassen. Es sind auch Beziehungen zu Mitarbeitern auseinandergegangen, weil vorher keiner wusste, wie viel Aufwand und Ärger mit so einem Projekt verbunden ist. Es heißt ja nicht umsonst, der Weg ist das Ziel. Aber wenn man dann einmal darin steckt … Ich habe ja Rieseninvestitionen gemacht, da gab es ja eh kein Zurück mehr. Da mussten wir alle durch.«

Wann hat sie gewusst, es wird?

»Der Durchbruch war geschafft, als wir den ersten großen Automobilkunden nicht nur akquiriert hatten, sondern als die Geschäftsführer dieses Unternehmens nach dem Seminar so begeistert waren, dass sie beschlossen haben, dass alle Führungskräfte ihres Unternehmens unser Pferdeseminar besuchen sollten. Das war für mich persönlich das erste Mal, dass ich mir auf die Schulter klopfen und mir sagen konnte, okay, es hat doch funktioniert.«

Ich finde es bemerkenswert, wenn jemand im Erwachsenenleben eine Fähigkeit herausarbeitet, die nicht selbstverständlich ist. Woher kann Margit all das, was sie für die Seminare mit den Pferden braucht?

»Ich glaube, neben meinen Ideen und meinen beruflichen Fähigkeiten und Erfahrungen ist einiges genetisch bedingt. Ich habe ja erzählt, dass ich aus einem Speditionsunternehmen stamme. Und neulich hatten wir Firmenjubiläum. Zur Vorbereitung der Feier haben mein Bruder und ich alte Fotos herausgekramt. Wir haben festgestellt, dass mein Urgroßvater die Firma noch mit Pferden gegründet hat. Dann mussten wir beide schmunzeln, und mein Bruder sagte, jetzt ist klar, woher du diesen komischen Pferde-Virus hast. Hätte der Opa das Geschäft nicht mit Pferden gegründet, hätten wir alle unser gutes Leben nicht.

Das war die eine genetische Komponente. Die andere war das Führungsverhalten meiner Eltern. Bei uns in der Spedition musste immer schon sehr hart und sehr viel gearbeitet werden. Und die Leute sind entweder nach ein paar Wochen gegangen, weil es ihnen einfach zu viel war, oder sie sind in der Regel ein Leben lang geblieben. Ich habe als Kind schon gelernt, dass eine große Leistung nur in einem sehr wertschätzenden Umfeld erbracht werden kann. Nur wer sich menschlich wohlfühlt, ist gewillt, Leistung zu bringen.«

Was waren Margits größte Ängste, welche inneren Hindernisse musste sie überwinden?

»Obwohl mich das Ganze beinahe ruiniert hätte, waren es nicht die finanziellen Dinge, die mir am meisten Angst gemacht haben, sondern die Angst zu versagen, eingestehen zu müssen, ich habe alles versucht, aber es wird nichts, auch der Umwelt gegenüber. Wir wurden ja sehr kritisch beäugt, was machen die eigentlich, wird das wohl gut gehen. Und da merkst du auch, dass da nicht nur Wohlwollen mitschwingt, sondern auch sehr viel Neid. Und das wäre hart gewesen, wenn du das Ding einfach beerdigen musst.

Nach meiner Erfahrung ist Erfolg die Folge harter Arbeit. Auch meine Pferde gehen mir manchmal auf die Nerven. Und wenn es Winter ist und zehn Grad minus hat und alles verdreckt und vermatscht ist und ich dann abends nach meiner Arbeit zu meinen Pferden gehe, dann ist der Traum auch nicht immer ganz lustig. Aber das gehört eben auch mit dazu. Das macht's aber auch wieder schön, dann kann man auch die Erfolge wieder mehr genießen.«

Gib deinem Traum
eine Chance zu werden

Was sind Margit Dellians Erkenntnisse für Menschen, die ihren Traum verwirklichen möchten? Sie geht sehr konzentriert den Parcours der Hürden durch, die sie auf dem Weg zu ihrem Traum überwunden hat:

- Gib deinem Traum eine Chance zu werden, lass ihn zu.
- Nimm all die Täler mit, die dazugehören, damit du am Ende oben auf die schöne Aussichtsplattform kommst.
- Glaub an deinen Traum. Ich bin sicher, jeder von uns hat so einen Traum in sich. Dieser Traum ist unsere Lebensaufgabe. Das ist der Sinn und Zweck, warum wir auf dieser Welt sind.
- Wirf nicht alles andere weg. Halte an dem Fundament fest, sei es die Familie, sei es die berufliche Ausbildung, nutze dieses Fundament, es wird dir helfen.
- Gib nicht zu schnell auf. Einen Traum zu haben heißt nicht, dass man als Prinz oder Prinzessin auf einem weißen Pferd daherreitet.
- Um deinen Traum zu verwirklichen, musst du vielleicht durch das ganze Programm »Blood, Sweat and Tears« durch, oft durch Frustrationen. Aber ich bin überzeugt, dass das einen wahr gewordenen Traum erst wirklich gut werden lässt.
- Du brauchst Zeit, Engagement und Bemühen, das gilt für die Arbeit wie für eine traumhafte Beziehung, wenn man sie pflegt und sich auch mal aneinander reibt, sich streitet, sich entwickelt.
- Denn ganz ehrlich, wenn ein Traum einfach über Nacht so in Erfüllung geht, dann ist er langweilig. Dann ist es auch nichts, was einen wirklich fesselt im Leben.
- Alle erfolgreichen Menschen, die ihren Traum verwirklicht

haben, hatten ihren Traum erst mal alleine und mussten es aushalten, dass sie von anderen erst mal ausgelacht wurden, weil die anderen es erst mal nicht verstanden haben.«

Margit lehnt sich zurück, schüttelt ihre dunkle Mähne, schnauft durch. Ich bin sehr zufrieden mit dem Interview. Mir hat gefallen, wie ehrlich Margit über die Entwicklung ihres Traums erzählt hat. Ich bin ja auch den Weg der Einzelkämpferin gegangen. Gerade will ich die Kamera ausschalten, als sie mich noch zurückhält:

»Warte noch, ich muss noch eine kleine Geschichte erzählen. Mir ist neulich etwas ganz Lustiges passiert. Beim Rumräumen ist mir das Protokoll eines Coachings in die Hände gefallen, das ich vor fast 20 Jahren, zu Beginn meiner beruflichen Selbstständigkeit bei dir, Sabine, gemacht habe. In diesem Coaching sollte es um meinen beruflichen Werdegang gehen. Das haben wir auch gut hingekriegt. Daneben bist du durch geschicktes Nachfragen in meinem Privatbereich gelandet und hast aus mir herausgekitzelt, wie ich denn gerne leben würde. Ich habe mich am Anfang ziemlich gesperrt, da kamen so Ideen auf wie Hof mit Tieren, viele Pferde, etwas Sinnvolles machen, in der Natur leben.

Ich habe gesagt, Sabine, das brauchen wir gar nicht erst aufschreiben, ich sitze hier in Frankfurt an der vierspurigen Kennedyallee. Was wollen wir hier mit dem ganzen Pferdekram, das ist doch alles Blödsinn, das sind doch Hirngespinste. Das wird niemals funktionieren. Du bliebst aber hartnäckig. Im Protokoll steht dann auch etwas von einem Mann, der irgendwann zusammen mit mir aussteigen soll. Dass wir zwar Geld verdienen wollen, aber vor allem für die Gesellschaft etwas ganz besonders Sinnvolles tun wollen. Und immer wieder die Tiere und die Natur.«

Margit macht eine Pause, blättert durch die Unterlagen. Und sagt dann versonnen lächelnd:

»Und wenn ich mir das heute so anschaue, dann hat sich das alles genau so ergeben, 20 Jahre später. Eigentlich unglaublich.«

Wir strahlen uns gegenseitig an. Ich freue mich. Das waren alles Margits Gedanken, die ich damals für sie aufgeschrieben hatte. Es waren ihre Sehnsüchte, ihre Bilder, die im Protokoll notiert wurden. Spannend ist, dass sie die Unterlagen über die lange Zeit aufgehoben hat. Und mir fällt eine letzte Frage ein: Führt uns unser Leben hin zu unserem Traum? Oder machen wir aktiv etwas für die Erfüllung?

»Margit, wie groß ist dein eigener Anteil und wie groß ist das, was wir gemeinhin ›Schicksal‹ nennen? Kannst du das einschätzen?«

»Ich denke, dass wir es im Grunde schon selber sind, die uns dahin führen. Und dass uns auf dem Weg die richtigen Menschen, die richtigen Mosaiksteine begegnen. Man muss es dann aber auch zulassen und die alten Trampelpfade verlassen, die so super bequem und so super sicher sind. Das ist meiner Meinung nach die allergrößte Hürde. Einen Traum mit Sicherheit und doppeltem Boden, den gibt's so nicht.«

So, liebe Leserin, lieber Leser, es ist Traumzeit: Überlegen Sie, wenn Sie mögen, ob es solche Träume oder Träumchen auch in Ihrem Leben gegeben hat, die einmal herausgeblinkt sind aus Ihrem Unbewussten. Die sich kurz gezeigt haben, aber von Ihnen eher belächelt oder gar verachtet wurden. Nach dem Motto: »Das sind doch alles Hirngespinste!« Und schauen Sie doch mal, ob Sie nicht schon viel mehr Schritte in Richtung dieses verkannten Traums gemacht haben, als Sie bisher gedacht haben …

Das gibt es wirklich: dass Menschen sich gar nicht bewusst sind, dass sie ihren Traum eigentlich schon in Teilen oder weitgehend leben. Das sind oft die Menschen, die auf Fragen sagen: »Also, ich habe keinen Lebenstraum. Ich weiß gar nicht, was das sein könnte.« Und irgendwann erzählen sie von ihrer Kindheit, was sie sich da gewünscht haben (es muss nicht immer ein Pferd sein), oder von dem Augenblick, in dem sich ihr Leben geändert hat. Sie erzählen, wie sie eine Chance bekommen oder eine Entscheidung getroffen haben. Und ihnen wird bewusst, dass sie schon längst ein Traum-Leben führen. Sie erkennen, wie sich der Traum in ihr Leben eingeschlichen, es verwoben hat, in großer Harmonie.

Träume erfüllen sich nicht im Zeitraffer. Es braucht die Geduld, ihnen beim Wachsen zuzusehen, sie wie bezaubernde Schneekristalle entstehen zu lassen. Träume entstehen organisch, sie verändern sich langsam, sie sind nicht einmalig, sondern hoffentlich nachhaltig!

Geschenkte Träume –
schweres Erbe oder Glücksfall?

> »Was du ererbt von deinen Vätern, erwirb es, um es zu
> besitzen.«
>
> Johann Wolfgang von Goethe (Faust)

Auch wenn ich es gar nicht glauben kann: Auch ich komme in ein Alter, in dem man darüber nachdenkt, wie es mit dem eigenen Unternehmen weitergeht. Als ich noch reine Selbstständige war, war das noch kein Thema. Bis zur letzten Minute gesund und kräftig auf der Bühne stehen und dann glücklich umfallen, habe ich immer gedacht. Doch meine Träume haben sich in den letzten Jahren ausgeweitet, aus der Sehnsucht nach einem selbsterfüllten Leben ist tatsächlich ein mittelständisches Unternehmen geworden. Und durch einige Zufälle und kleine Wunder sind meine beiden Kinder mit an Bord. Sie sind freiwillig in mein Traumboot eingestiegen und wollen es weitersteuern, auch wenn die Mama sich rarmachen wird. Ein gutes Gefühl.

Weit mehr als eine Million Träume werden in den nächsten Jahren in Deutschland, Österreich und der Schweiz vererbt. So viele mittelständische UnternehmerInnen sind in diesen Ländern in einem Alter, in dem sie ihre Nachfolge planen. Und fast ebenso viele Erben und Erbinnen müssen sich überlegen, ob sie den Traum ihrer Eltern weiterverfolgen wollen. Und was wird dann aus ihrem eigenen? Millionen von Menschen haben diese Frage in den letzten Jahrzehnten längst beantwortet – sie haben sich für die Nachfolge entschieden oder dagegen. Denn oft scheinen die Fußstapfen der Eltern zu groß – oder das zu erwartende Lebensglück zu klein. Manchen erscheint der Traum der Eltern als zu spießig. Oder die eigenen Träume gehen in eine ganz andere Richtung.

Wenn der elterliche Traum zum eigenen wird

Als ich dieses Buch im Hotel Hochschober in Kärnten geschrieben habe, ist mir täglich vor Augen geführt worden, was es heißt, den Traum der Eltern zu übernehmen und den eigenen darin zu finden. Hotelchefin Karin Leeb hat von ihren Eltern nicht nur ein Urlaubshotel geerbt, sondern auch deren Traum einer besonderen Kultur. Ich habe die Chefin, Mitte 40, vier Wochen lang beobachtet und mich gefragt: Wenn es schon nicht einfach ist, seinen eigenen Traum zu verwirklichen, wie viel schwerer muss es sein, den Traum von jemand anderem weiterzuführen?

Die Übergabe der Senioren an die Junioren – an Karin Leeb und ihren Mann Martin Klein – liegt zwei Jahre zurück. Elf Jahre hatte Karin Zeit, sich von der Cheftochter zur Juniorchefin zu entwickeln. Das war nicht immer einfach. Warum die Nachfolge dann doch so erfolgreich verlief, erzählt sie mir im Interview, das wir an einem Regentag im Chinaturm geführt haben, ebenfalls einem gelebten Traum ihres Vaters, den er direkt am See errichtet hat.

◖ »Ich war ursprünglich gar nicht als Nachfolgerin vorgesehen, obwohl ich Hotelfachfrau gelernt habe. Im Hochschober wird es allmählich zur Tradition, dass nie der das Hotel übernimmt, der eigentlich vorgesehen ist. In der ersten Generation ist der Hotelerbe im Krieg gefallen, ganz jung, mit 18, deswegen hat dann mein Vater geerbt. Meine Eltern hatten ursprünglich meinen mittleren Bruder als Nachfolger vorgesehen. Ich habe das immer als Freiheit empfunden, nicht vorgesehen zu sein. Ich war froh, dass ich die Wahl treffen konnte, was für mich das Beste ist. Dass es dann doch anders gekommen ist – war es Schicksal? Sie haben meinem Bruder erlaubt, in den USA Design zu studieren. Der Vater hat sich vorgestellt, nach dem Studium kommt der Sohn zurück und übernimmt den Betrieb. Doch dann kam alles anders, der Bruder entschied sich, den langen, weißen Turracher Winter gegen den ewigen Sommer Kaliforniens einzutauschen. Und so war dann die Nachfolge wieder offen.

Ich war damals sehr traurig für meine Eltern, weil ich wusste, was für ein Tiefschlag es für sie war. Das muss schwer sein, von den Kindern zu erfahren, dass das, worin die Leidenschaft steckt, für sie nicht erstrebenswert ist. Aber ich war glücklich in meinem Angestelltendasein und mit meinem Traummann in München. Meine Eltern waren nach dem Nein des eigentlichen Nachfolgers nicht nur traurig und enttäuscht, sie waren auch ein bisschen orientierungslos. Wenn man so ein Unternehmen in eine Richtung entwickelt, sodass es von einem aus der Familie übernommen wird – und plötzlich ist alles anders!«

Es war nicht vorgezeichnet, dass die einzige Tochter das Hotel übernehmen würde, es hat sich gefügt, wie man so sagt. Entschieden hat es sich auf einer Urlaubsreise in Italien. Da hat Karin Leeb ihren Mann Martin gefragt, ob er sich das zutrauen würde, zusammen mit ihr das Hotel zu leiten. Er ist von Beruf Physiotherapeut, er hatte seine eigene Praxis in München, und Karin wusste, er würde gut in ein Hotel mit einer großen Wellnessabteilung passen. Im Urlaub abends beim Wein haben sie deshalb immer konkreter über dieses andere Leben herumgesponnen. Karin Leeb erinnert sich:

»Der Gedanke fühlte sich schnell sehr gut an. Meine Eltern hatten uns signalisiert, dass sie sich freuen würden, wenn wir das machen würden. Dann sind wir auf der Rückreise bei ihnen vorbeigefahren. Und beim Frühstück habe ich gesagt, Papa, könntest du dir vorstellen, dass wir das Hotel übernehmen? Er hat nichts gesagt, aber er hat unsere beiden Hände genommen und hat sie nicht mehr losgelassen. Das war ein besonders schöner Moment. Es wurde dann alles schnell ziemlich konkret und nach Managementfahrplan vorgegangen.«

Das ist doch bestimmt nicht leicht, wenn man als Tochter das Unternehmen verlassen hat, als Chefin zurückzukommen? Karin Leeb schüttelt energisch den Kopf:

»Nein, so schnell ging das ja nicht. Zuerst war ich Cheftochter, als wir zurückgekommen sind. Und als Cheftochter hatte ich noch keine Funktion, das musste ich mir ja auch nicht erarbeiten, als das wird man geboren. Beim nächsten Schritt, von der Cheftochter zur Juniorchefin, da musste ich mir Vertrauen erarbeiten. Ich habe das als harten Weg empfunden, weil man eine Rolle, ja, ein ›Amtskapperl‹ aufgesetzt bekommt. Ich habe das manchmal schon als Last empfunden, ja.

Ich habe gewusst, dass ich da reinwachsen möchte, und habe es immer als großes Ziel vor Augen gehabt, dass es etwas ganz Großartiges sein muss, die Lebensleistung meiner Eltern weiterzuführen. Ich habe es auch als große Ehre empfunden. Aber es gingen noch einmal sechs Jahre ins Land, bis die Eltern dann übergeben haben, auch auf dem Papier, mit dem Eigentum, mit der vollen Verantwortung, bis es dann unser eigenes geworden ist.«

Wie schon erwähnt: Wir sitzen zum Interview im Chinaturm, dem exotischsten Gebäude in der Gegend, wahrscheinlich in ganz Kärnten. Vier Stockwerke hoch, mit einem geschwungenen Pagodendach, in rotem Holz und mit chinesischen, geschnitzten Sprossenfenstern. Wie kommt man auf die verrückte Idee, einen original chinesischen Turm an einem See im österreichischen Hochgebirge aufzustellen?

»Meine Eltern waren immer schon weltoffen und initiativ. Sie haben den ersten Hamam in einem österreichischen Hotel eingebaut, also ein türkisches Badehaus. Sie haben schon in den 80er-Jahren mehrere Reisen nach China unternommen, waren fasziniert vom Land und der Kultur. Sie haben in den 90er-Jahren dort Klöster kennengelernt und haben Kontakte zu chinesischen Architekten aufgebaut. Als wir dann in den Betrieb gekommen sind, gab's schon die Idee, die chinesische Teekultur, die Gastfreundschaft widerspiegelt, soll eine Heimat auf der Turracher Höhe finden. Und mein Vater hat uns quasi diese Idee mit dem Betrieb mitvererbt. Er hat gesagt, da gibt's diesen Plan und da gibt's Kontakte, aber ihr müsst es auch zu eurer Idee, zu eurer Leidenschaft machen. Reist nach China und schaut euch das an. Ich gebe euch den besten Reiseführer in China mit an die Hand. Das war der Herr Sun, er hat uns begleitet, ein ganz lustiger chinesischer Mann, der hat uns das Herz für China eröffnet und die Leidenschaft vermittelt.

Wir haben viele Teehäuser besucht und sind eingetaucht in das, was mein Vater schon als Vision vor Augen hatte. Wir haben gespürt, dass das passen würde. Und wir haben die Vision, diesen Traum meines Vaters zu unserem Traum gemacht. Wenn wir das nicht in unserem Herzen gespürt hätten, dann wäre das nie zum Laufen gekommen, weil das so ein Kraftakt war. Wir sind dann auch mit den Abteilungsleitern zehn Tage nach China gefahren, nach Tianjin, nach Schanghai und nach Peking, in Teeanbaugebiete – und haben auch bei ihnen die

Leidenschaft geweckt. Und dann ist es uns gelungen, diese Idee auch an unsere Gäste weiterzugeben, zu vermitteln, warum ein Chinaturm hier in den Alpen eine Berechtigung hat.«

Karin Leeb hat sich also in den Traum, die Vision ihres Vaters ganz gut hineingeträumt. Jetzt hat sie vor zwei Jahren das Hotel übernommen. Wie war es dann: Hat sie ihre eigene Vision auch umsetzen können?

»Der Traum meiner Eltern war, in dieser exponierten Lage einen besonderen Platz der Wärme zu schaffen, wo Menschen aller Generationen Kraft tanken können für alles, was sie im Leben erwartet. Dabei war der Hochschober schon immer im Wandel. Jede Generation hat ihre eigenen Zeichen gesetzt. Der Traum meines Mannes und mir ist auch, diesen Kraftplatz zu erhalten und weiterzuentwickeln und in diesem Traum auch als Familie leben zu können. Uns abzusichern für die Zukunft, unsere zwei Kinder vielleicht zu begeistern, weiterzumachen – aber bloß nicht, sie zu drängen.

Natürlich verändern wir den Stil. Wir haben inzwischen über 100 Mitarbeiter, darunter 20 Lehrlinge. Ich bin immer in dem Spannungsverhältnis zwischen dem Wunsch, eine gute, liebe, fürsorgliche Chefin zu sein, und den Anforderungen der Gäste, des Marktes. Mal geht's mir damit besser, mal schlechter. Aber natürlich richten wir uns nach unseren Gästen aus. Denn der Gast ist der Einzige, der unser Abenteuer finanziert.«

Ich muss bei Karin Leebs Worten an eine alte, schöne Holztür denken, die ich neulich neben der Hotellobby entdeckt habe, mit der Aufschrift: »Hinter dieser Tür befindet sich das Wertvollste, das wir hier im Hotel haben«. Natürlich war ich neugierig und habe sie vorsichtig geöffnet. Dahinter befindet sich – ein Spiegel! Eine witzige Idee, die viel über die Philosophie des Hauses aussagt. Doch zurück zu Karin Leebs Traum:

»Bei der Realisierung des Chinaturms war für uns der wichtigste Moment, dass wir gespürt haben, dass dieser Traum auch unserer wird, dass wir mit dem Unternehmen verwachsen sind. Natürlich sind wir oft gefragt worden, warum wir solch ein verrücktes Gebäude hierher gestellt haben, ob wir nie Zweifel gehabt hätten. Und wie das mit der Wirtschaftlichkeit wäre. Wenn wir über all das nachgedacht hätten, hätte es diesen Traum hier nie gegeben. Aber wir haben gespürt, dass es richtig ist.

Mit dem Bau dieses Turms haben es meine Eltern ganz geschickt angestellt. Sie sind während der Bauphase einfach auf eine Reise gegangen, waren nicht greifbar und haben uns alleine machen lassen. Wie das so ist mit der Verantwortung, wenn der Altvordere immer da ist, fragt man nach, sichert man sich ab, traut sich gar nicht so viel zu. Man ist also noch schön in der Komfortzone. Doch damals haben mein Mann und ich zum ersten Mal entdeckt, was in uns steckt an Management- und Führungsfähigkeiten. Das war ein ganz besonderer Moment, in dem wir über uns hinausgewachsen sind. Und es wurde immer mehr unseres.

Wenn du einen Traum übernimmst, ihn vererbt bekommst, in dem das Drehbuch in Grundzügen festgelegt ist, musst du dich von Anfang an in diesen Traum einspinnen. Aber wir sind natürlich keine Abziehbilder meiner Eltern, ich nicht und mein Mann schon gar nicht. Er kommt ja aus einer anderen Familie, aus einer Münchner Künstlerfamilie, er bringt ganz andere Dinge ein. Also, der Grundtraum, das Drehbuch, die Handlung sind schon ähnlich, aber es nimmt andere Wendungen. Ich habe schon eine Zeit gebraucht, meine Rolle zu finden, meine Handschrift, und überhaupt zu spüren: Was bringe ich hier ein?«

Natürlich gab es auch Reibungspunkte bei der Übergabe, erzählt Karin Leeb. Aber sie seien nie so extrem gewesen, dass sie es bereut hätte einzusteigen oder sich gar gewünscht hätte, wieder zu gehen. Die Übergabe wurde gut vorbereitet. Die Jungen haben sich mit den Eltern und einem »Übergabebegleiter« aus dem Betrieb zweimal im Jahr zusammengesetzt und haben »alle Brösel auf den Tisch gebracht«, wie Karin Leeb sagt. Es wurden auch leidige Themen auf den Tisch gebracht. Die Familie hat sich darüber hinaus in der ganzen Phase der Übergabe Unterstützung von außen geholt von einer erfahrenen Wirtschaftspsychologin.

»Eine Übergabe ist ein Kraftakt, und es ist nie einfach und nie rosarot. Die rosaroten Momente gibt es auch, wenn einem was gelingt, wenn man gemeinsam etwas Schönes erlebt. Aber Übergabe ist eben für die Senioren, etwas loslassen, etwas Neues in die Hand zu nehmen. Und für die Junioren heißt es fordern, selber machen, kämpfen und den Senioren die Dinge abzuringen. So habe ich es empfunden. Manches geben sie freiwillig her, das machst du jetzt, das ist deins. Aber die wesentlichen Dinge, die letzten Entscheidungen, die letzte Verantwortung, die Übergabe des Eigentums, das ist ein Kraftakt. Zwischendurch haben wir ja auch noch unsere Kinder bekommen. Also langweilig war uns nicht in all den Jahren.«

Entweder – oder. So scheint die einzige Entscheidungsmöglichkeit für Nachfolger zu sein. Rein in den Traum oder weg mit dem Traum? Ich frage Karin Leeb:

»Ganz ehrlich, denken Sie manchmal über Perspektiven nach oder über Alternativen?«

Sie lächelt, nickt und überlegt:

»Ich habe lange nicht über Alternativen nachgedacht. Ich habe jetzt gelernt, dass man sehr wohl darüber nachdenken und dass es keine Tabus geben darf. Ich finde, es macht einen freier, wenn man weiß, es gibt Alternativen. Und die gibt es ja immer, aber die gesteht man sich nicht ein. Man erlaubt sich nicht, sie zu denken. Wenn man aber weiß, dass man aus freien

Stücken macht, was man macht, dann gibt das einfach ein gutes Gefühl. Wir hatten zwei Jahre lang eine schwierige wirtschaftliche Situation. Das war die Phase, als der Einfluss der Eltern nicht mehr so spürbar war, wo sie das Ruder schon aus der Hand gegeben und wir das Ruder noch nicht ergriffen hatten. Das war wie ein Vakuum. Wir haben reflektiert, ich bin hart mit mir ins Gericht gegangen. Diese Jahre des Rückgangs haben uns erst auf den richtigen Weg gebracht. Wie so oft sind die Zeiten der Krise auch Zeiten der Chancen. Ich habe diese Zeit als total wichtig empfunden. Ich habe verschiedene Dinge ausprobiert und habe irgendwann gespürt, ich bin angekommen. Dass der Hochschober jetzt wieder ›in‹ ist, das haben mein Mann und ich erarbeitet. Damit ist er einfach unser.«

Was ist der Preis des Hoteltraums?

»Dass wir uns nicht so um die Familie kümmern können wie jemand, der ein geregeltes Leben hat, der nicht Tag und Nacht Verantwortung hat. Manchmal wünsche ich mir, nicht so wahrgenommen zu werden, du bist immer unter Beobachtung, du wirst jeden Tag eingeschätzt und kommentiert. Alles, was wir tun, wird wahrgenommen, von den Gästen, den Mitarbeitern. Wenn's mir gut geht, finde ich ja die Aufmerksamkeit süß. Aber wenn es mir schlecht geht, ist sie bitter, denn dann möchte ich ja nicht, dass die Leute sehen, dass es mir schlecht geht. Dann würde ich mich am liebsten einigeln, zurückziehen, wegfahren. Das ist bittersüß.

Ich werde oft gefragt, wie viele Stunden ich denn arbeite. Ich habe mir das noch nie überlegt. Ich stehe gerne morgens früh auf. Bevor ich hier meine Rolle übernehme, habe ich eine Stunde für mich, ich laufe oder schwimme, bin in der Natur. Ein Sehnsuchtsort ist für mich der Schoberriegel, das ist unser Hausberg. Die Plätze, die morgens nur mir gehören, bevor die Sonne aufgeht, um Kraft zu tanken für den Alltag. Ich spür mich, ich spüre die Natur, ich kann reflektieren. Es ist eine Reise zu mir selber.«

Wen hat sie auf der Reise zu sich selbst gefunden? Karin Leeb lächelt bei dieser Frage.

»Ich bin selbstsicherer geworden. Ich habe zusehends meinen eigenen Stil gefunden. Ich bin gereift als Frau. Ich wünsche mir als Nächstes, dass ich meine fröhliche, lustige, unbeschwerte Seite noch mehr ausleben kann. Die ist ein bisschen kurz gekommen in der letzten Zeit. Meine Mutter hat mir kürzlich ein Theaterstück geschenkt, *Der kleine Prinz*. Also sie hat zwei Schauspieler eingeladen, die sie in Klagenfurt gesehen hatte, hier für mich und meine Gäste zu spielen. Ich liebe dieses Stück, da ist so viel Wahrheit und Weisheit drin. Und sie hat gesagt, dass sie in mir immer noch den kleinen Prinzen sieht, mit weißem Gewand und gelbem Schal. Den habe ich als 13-Jährige mal in der Schule gespielt. Ich war sehr gerührt von dieser Geste. Und ich hoffe, dass ich in den nächsten Jahren den kleinen Prinzen, oder besser noch die kleine Prinzessin, in mir ausleben werde.«

Was ist ihre Vision für die nächsten 20 Jahre?

»Unser Ziel ist es, dass 100-jährige Jubiläum vom Hochschober 2029 gut zu begehen. Mein Mann und ich, wir träumen von einem Altersruhesitz in München. Wir wollen schon mal den Boden bereiten, damit wir später einen Grund haben, von hier wegzuziehen. Ach ja, und Russisch würde ich noch gern lernen. Ich stelle mir vor, das Land zu entdecken, mich mit Menschen dort zu unterhalten. Und mein heimlicher Traum: russische Literatur im Original zu lesen.«

Was möchte Karin Leeb Menschen mitgeben, die in einen Traum hineingeboren sind oder ihn geerbt haben?

- Wenn Sie einen Traum übernehmen, werden Sie ihn spüren. Ich spüre ihn als Ruhe, hier in der Mitte hinterm Brustbein. Das gibt so eine tiefe Sicherheit. Wenn Sie ihn nur im Kopf haben, dann haben Sie auch immer Zweifel.
- Wenn Sie sehen, wie es ausgehen kann, also wenn Sie das gute Ende spüren, dann werden Sie dem Traum nachgehen.
- Vielleicht stellt sich auf halber Strecke heraus, dass der Traum sich verändert, aber dann haben Sie es probiert. Dann zeigt Ihnen das Leben vielleicht eine andere Abzweigung, dann ist es ein anderer Traum.
- Es gibt Phasen, wo Sie den Traum lieber allein mit sich herumtragen. Und dann kommt der richtige Zeitpunkt, wo Sie ihn mit anderen teilen sollten. Vielleicht gibt es Menschen, die davon berührt werden, die Ihnen beistehen mögen.
- Als ich den Titel des Buches das erste Mal gelesen habe, *Deine Sehnsucht wird dich führen*, habe ich gedacht, ja, meine Sehnsucht wird mich führen, und war voller Zuversicht. Also, mein Rat an Sie: Verlieren Sie nie die Hoffnung. Egal, in welche Richtung es geht, es wird gut.

Wirf zwei Träume zusammen und du veränderst die Welt

Erben ist die eine Möglichkeit, in den Traum eines anderen einzutauchen. Liebe die andere. So wie bei Martin Klein, Karin Leebs Mann, der sich entschieden hat, seinen eigenen Traum, eine Physiotherapeutenpraxis in München, gegen ein Leben auf dem Berg einzutauschen (von dem Karins Oma gesagt hat: »Acht Monate Winter, vier Monate kalt«). Und es kann jedem von uns passieren, dass unser Liebster, unsere Liebste morgens mit einem Traum erwacht, der nach Realisierung schreit.

Ich erinnere mich an ein Interview mit Anita Roddick, der Gründerin von »Body Shop«, das ich vor mehr als 20 Jahren bei ihr in Brighton geführt habe. Darin erzählte sie mir von dem Traum ihres Ehemanns, auf einem Pferd quer durch Südamerika zu reiten. Der Zeitpunkt, zu dem der Traum virulent wurde, war nach spießiger Auffassung denkbar ungeeignet: Das junge Hippie-Ehepaar war Anfang der 70er-Jahre mit einer Pension pleitegegangen, hatte zwei kleine Kinder und kein Einkommen. Aber sie unterstützte seinen Traum zu 100 Prozent: »Wenn er das machen wollte, dann musste er das machen!«

Der Ehemann verabschiedete sich also 1975 auf unbestimmte Zeit. Und sie musste schauen, wie sie sich und ihre Kinder über Wasser halten konnte. Aus der Not geboren ließ sie sich in dieser Zeit von einem befreundeten Apotheker aus natürlichen Zutaten Shampoo und Duschzeug mischen. Und da sie kein Geld für teure Flakons hatte, ließ sie diese in Plastikfläschchen abpacken. Dann zog sie mit einem Korb von Haustür zu Haustür und verkaufte ihre Innovation. Die Fläschchen nahm sie zurück. 1976 eröffnete sie ihren ersten Laden. Eine Idee war geboren. Was daraus geworden ist, kennen Sie. Die Body-Shop-Kette gibt es heute weltweit. Angesichts einer schweren Erkrankung hat Anita Roddick die Kette 2006 an einen großen Kosmetikkonzern verkauft. 2007 ist sie gestorben. Ihren Besitz hat sie an Hilfsorganisationen vererbt.

Übrigens: Ihren Ehemann hatte sie, als er nach einem Jahr zurückkam, in Liebe wieder aufgenommen und in ihr aufstrebendes Unternehmen integriert. Sie hat Kooperationen rund um die Welt mit einheimischen Erzeugern geschlossen und als eine der ersten Unternehmen der Welt »Fair Trade« promotet. Sie war auch eine der Ersten, die ausschließlich Kosmetikprodukte verkaufte, die ohne Tierversuche auskam. Gordon

Roddick hat im Gedenken an seine Frau die Organisation »38 Degrees« in Großbritannien gegründet, eine politisch-aktivistische Bewegung. Er begründete es so: »Ich weiß, dass es Anita am meisten zum Lachen bringen würde, wenn wir eine Menge Ärger verursachen.« Hippie forever.

In beiden Beispielen, die ich hier beschrieben habe, sind jeweils zwei Träume aufeinandergestoßen, sind zusammengewachsen und haben einen Megatraum gebildet, der eine kleine Welt oben auf dem Berg und die große Welt verändert hat.

Der Leidenschaft vertrauen

»Fang heute an, kühn zu handeln! In dem Moment,
wo du dich einer Sache wirklich verschreibst,
rückt der Himmel in deine Reichweite.«

Johann Wolfgang von Goethe

Der Leidenschaft vertrauen – klingt gut. Aber was ist eigentlich
»Leidenschaft«? Wie kann man den Begriff am besten erklären?
Ich habe es versucht, aber jede sachliche Erklärung klingt ge-
stelzt und blutleer. Leidenschaft muss man erleben. Oder wie
der Musiker Fritz Hoffmeister es beschreibt: »Ein Gefühl kannst
du ja mit Worten versuchen zu beschreiben oder zu fassen. Aber
indem du versuchst, es zu fassen und irgendetwas reinzudrän-
gen, um es zu beschreiben, zerstörst du es. Also ist es das Beste,
einfach nichts zu sagen.«

Mag stimmen, aber was tun, wenn man ein Buch darüber
schreibt? Ich habe mir überlegt: Lass doch den Menschen erzählen, dessen Vision aus Leidenschaft besteht.

Ein Musikertraum –
von der ersten Gitarre zur erfolgreichen Band

Fritz Hoffmeister ist 25, stammt aus Regensburg, lebt jetzt in
München. Ich kenne ihn, seit er 14 ist. Damals hat er, während
ich bei seiner Mutter mein erstes von ihr genähtes Abendkleid

anprobiert habe, in seinem Kinderzimmer Gitarre geübt. Alle halbe Jahre war ich dann bei Hoffmeisters in Regensburg und konnte die Fortschritte des jungen Gitarristen verfolgen. Nie werde ich vergessen, wie er mir das erste Stück auf einer E-Gitarre vorgespielt hat. Ich hatte Tränen in den Augen.

Lassen wir Fritz über seinen Traum und die Umsetzung erzählen, um zu begreifen, was Leidenschaft ist.

⏵ »Ich habe einen Traum, dass ich Musiker bin, mit der Musik erfolgreich bin und ein, zwei Tage in der Woche ein Ingenieursleben führe. Ich bin auf dem Weg dahin. Ich spiele seit mehr als zehn Jahren Gitarre, mache sehr viel Musik, mit zwei Bands, hab viel geübt und das Leben auf dem Weg dahin auch sehr genossen. Ich bin gerade mit meinem Maschinenbau-Studium fertig geworden. Bin jetzt Bachelor Maschinenbau-Ingenieur, werde aber noch weiterstudieren bis zum Master.

Und ich fahre die ganze Zeit immer die beiden Schienen, sowohl die logisch-mathematische als auch diese künstlerische Ader, die Gefühlsader. Genau genommen lebe ich meine Sehnsucht jetzt schon. Genauso wie jetzt möchte ich es weitermachen und im Idealfall noch erfolgreicher damit werden. Also den Traum noch ein bisschen größer machen.«

»Was hat Sehnsucht mit Träumen zu tun?« Fritz wirft seinen Haarschopf nach hinten und mustert die Decke, während er nach einer Antwort sucht.

»Sehnsucht bedeutet, dass ich gerade nicht tue oder noch nicht das tue, was ich tun will. Wenn du das merkst, dann finde heraus, was dich leidenschaftlich bewegt und was dir viel Spaß macht. Meistens ist es etwas, wofür du dich nicht zwingen musst, es zu tun. Verwirkliche dich darin. Ich denke, das Ganze kann wohl nur aus der Sehnsucht entspringen. Spür sie, nimm sie wahr, was will sie mir sagen?

Bis ich 14 war, hatte ich keine Ahnung von Musik. Ich habe überhaupt keine Musik gemacht, ich habe nicht mal viel Musik gehört. Als ich das erste Mal im Urlaub auf Fuerteventura eine Gitarre in die Hand gedrückt bekommen habe, habe ich gemerkt, wow, wenn ich auf diese Saite drücke, kommt so ein Ton raus, und wow, an dieser Stelle so einer. Und beide Töne zusammen, ha! Da habe ich im Prinzip eine völlig neue Welt für mich entdeckt, die Musik an sich, den Klang. Von dem Moment an habe ich ganz viel Gitarre geübt, viel gelernt.«

»Wie hat sich dein Leben durch die Musik geändert?«

»Das hat sich angefühlt, als wenn man einen Schwarz-Weiß-Fernseher hat und guckt sich einen Film an. Und auf einmal kommt Farbe ins Spiel. Als wenn du eine vierte Dimension für dich eröffnest. Diese Dimension ist es bei mir. Ich habe von der Freundin meines Onkels eine Gitarre geliehen bekommen. Und als meine Familie gemerkt hat, der meint es ja wirklich ernst, haben sie mir alle zusammen zu Weihnachten eine geschenkt, und das war eine Konzertgitarre.«

»Woher hast du die Disziplin genommen zu üben?«

»Wenn dir das Spielen richtig viel Spaß macht, dann spielst du, auch wenn der Körper sagt, ich kann nicht mehr. Andere kennen das vielleicht aus dem Sport. Das ging so weit, dass ich fünf, sechs Stunden am Tag Gitarre gespielt habe. Dadurch hat die Schule etwas gelitten und andere Aktivitäten, aber vor allem meine Finger. Das Bild ›Bis dass die Finger bluten‹ ist durchaus schon mal vorgekommen. Und das ist das Blödeste, denn dann musste ich relativ lange mit Spielen aufhören und die Blasen verheilen lassen.

»Wie schnell kam der Traum, eine eigene Band zu haben?«

»Der hat sich entwickelt. Am Anfang hatte ich nur Lust zu spielen, da habe ich überhaupt nicht von der Bühne geträumt oder vom Groß-Rauskommen. Meine ersten Auftritte hatte ich nach einem Jahr, da bin ich in die Schul-Big-Band gekommen und in die Schulband, wir hatten die ersten Rockauftritte. Mein größter Auftritt war mit meiner jetzigen Band ›The Sine‹ im Löwenbräukeller in München vor knapp 2 000 Zuhörern.

Ich hatte immer nur den Ehrgeiz, gut zu werden. Es gibt da auch ein Missverständnis zum Thema »Gitarristen und Frauen«. Ich hör immer wieder, der spielt nur Gitarre, um Frauen abzuschleppen. Dieses Klischee hat nichts mit mir zu tun. Ich hatte nie diesen Antrieb, um dann Frauen am Lagerfeuer abzustauben. Aber der Effekt, dass Gitarrespielen eine gute Wirkung hat, der ist mir dann im Laufe der Zeit durchaus aufgefallen. Ich habe ihn genutzt, aber ich spiele deswegen nicht Gitarre.«

Gut, dass Fritz das mal klarstellt. Obwohl man bei diesem bildhübschen Kerl auch nicht auf die Idee käme, er würde sonst niemanden kennenlernen.

»Warum mögen Frauen gerade Musiker?«

»Das liegt wohl daran, dass sie sehr in ihrem Gefühl leben, und das wirkt anziehend. Viele Menschen arbeiten Sachen, die sie nicht gerne machen. Und da ist jemand, der auf der Bühne steht und seiner Leidenschaft folgt, wie jemand aus einer anderen Welt. Und das wirkt sehr, sehr anziehend.«

Während Fritz das sagt, erinnere ich mich an ein Konzert mit Al Jarreau in den 80er-Jahren, einem sensationellen farbigen Sänger mit wunderschönen Händen. Und ich erzähle Fritz, wie der das Mikrofon in einer solch sinnlichen Weise hielt, dass wir Mädels … Entschuldigung, ich schweife ab. Zurück zu Fritz. Er lacht – wissend.

»Ja, das stimmt. Die Finger. Ich muss gestehen, also ich will nicht eingebildet erscheinen, aber ich mag meine Hände und meine Finger auch.«

Er bewegt seine Hand und schaut sie an. Sein Lächeln bei diesen Worten kann ich Ihnen nicht beschreiben. Das sollten

Sie sich selbst im Video anschauen. Also, auf Fritz trifft die Anziehungskraft der Musiker auf jeden Fall zu.

Er schwärmt von einem Gitarren-Virtuosen, Steve Vai, der schon mit Frank Zappa gespielt hat. Der habe vorm Spiegel Gitarre geübt, weil er wollte, dass das ästhetisch aussieht.

»Es gibt Gitarristen, die spielen so absolut große Bewegungen, verkrampft. Und es gibt welche, die spielen absolut dynamisch und elegant und schön, bewegen die Finger so ganz wenig. Und ich habe durchaus auch öfter vor dem Spiegel geübt, einmal um die Technik zu verbessern, aber auch, weil ich das gerne gesehen habe, wie sich meine Finger auf dem Griffbrett bewegen. Wie die sich dann auch von alleine bewegen. Du musst ja am Anfang über das Stück nachdenken, aber irgendwann kannst du so schnell spielen, wenn du nicht mehr darüber nachdenkst, das heißt, es ist dann in deinem Körper drin.«

Ich mag Fritz' leidenschaftlichen Blick auf seinen Lebenstraum. Und ich möchte mehr von seinen Gedanken hören.

»Fritz, worin besteht der Unterschied, wenn jemand einfach Spaß hat, Musik zu machen, oder wenn es wirklich der Lebenstraum ist?«

»Also zuerst – ich finde es sehr gefährlich, wenn man Kindern, die Musik machen, sagt, oh, das klingt aber nicht gut, probier's mal mit einem anderen Instrument, wenn sich da vielleicht schon ein Traum entwickelt hat. Man muss schon sehr früh aufpassen, dass ein Same begossen wird und man ihm den Raum gibt zu wachsen. Dadurch entwickelt sich Leidenschaft, dadurch entwickeln sich große Träume. Dadurch entwickelt sich Ehrgeiz. Ob dann wirklich Potenzial drinsteckt, kann man erst später sehen. Ich unterscheide, ob jemand Musik als Hobby macht oder davon lebt. Wenn als Hobby, dann soll er es so machen, wie er will und sich von niemandem reinreden lassen. Es ist doch sein Leben. Wenn er dabei Spaß hat, super.«

»Was ist da der Unterschied zu einem Berufsmusiker?«

»Wenn einer es beruflich macht und seinen großen Traum verwirklichen will, und das beinhaltet, dass man auf der Bühne steht und andere Menschen dazukommen, dann finde ich es wichtig, dass man sich ab einem bestimmten Zeitpunkt auch das Feedback von anderen holt und sich anhört. Das ist ein sehr schwieriger Schritt. Man kann bei Kritik natürlich sagen, das nehme ich nicht an. Aber ich finde, jede Kritik ist gerechtfertigt, und man muss sich gefälligst auf seinen Hosenboden setzen und reflektieren. Wenn man ernsthaft seinen Traum verwirklichen möchte, muss man sehen, was man ändern oder verbessern kann. In dem Moment, in dem du dich öffentlich zeigst, hagelt es Kritik – immer. Und meistens gilt sogar: Je größer man wird, umso mehr Kritik bekommt man auch. Vielleicht auch mehr schöne Sachen, aber auch mehr Kritik. Und dem kann man sich nicht mehr entziehen.

Ich unterscheide immer ein bisschen zwischen etwas spielerisch lernen wie ein Kind, da ist die Freude und Leidenschaft am allergrößten. Da ist wohl das meiste Potenzial an Kreativität. Ich sag mal, das ist der kleine Fritz. Und der große Fritz, das ist derjenige, der professionell ist, der das Gerüst schafft, dafür, dass der kleine Fritz sich austoben kann. Ohne das Gerüst kann der Kleine sich zwar austoben, aber da entsteht nichts. Unter Professionalität verstehe ich, wenn die Zeiten mal schwierig sind, jeder will was von einem und man hat wenig Zeit und wenig Energie, oder auch noch Streit in der Beziehung, das sind ja Riesenthemen, da gehört es dazu, dass man sich durch schwierige Zeiten durchbeißt.«

Schwierige Zeiten hat der junge Musiker schon erlebt. Sein Großvater, der die wichtigste männliche Bezugsperson in seiner Kindheit und Jugend war, hatte die Diagnose »Krebs« bekommen und es wurden ihm nur noch drei Monate vorausgesagt.

»Mein Opa war wirklich wichtig für mich, er hat mich sehr geprägt. Von ihm habe ich viel Liebe bekommen. Ich habe ihn die letzten zwei Wochen mit gepflegt. Das war eine wirklich schwierige Zeit. Gleichzeitig habe ich in Prüfungen gesteckt, die ich in meinem Studium gemacht habe. Und ich war dabei, eine neue Band zu gründen, da habe ich gerade den Sänger, den Michi, kennengelernt. Und ich hatte den Traum, dass wir zusammen Musik machen. Das kam alles zusammen.

Das war definitiv schwierig, da meine Energie zu behalten und nicht den Kopf in den Sand zu stecken. Nicht zu sagen, ich mach nicht mehr weiter, ich habe keinen Bock zu lernen, ich habe keinen Bock, jemanden anzurufen und einen Proberaum zu organisieren. Ich habe keinen Bock, für meine Familie da zu sein. Aber ich habe mir dann immer vorgestellt, was hätte denn mein Opa gemacht? Was würde der wollen, was ich jetzt tu? Und mir ist klar geworden, er würde sagen: ›Leb dein Leben endlich!‹

Ich bin nicht abergläubisch, aber das ist vielleicht auch mein logisches Verständnis. Ich hab hier mein Leben, das könnte lange sein, aber das muss nicht lange sein. Und ich habe keine Lust, einen hohen Preis zu zahlen, um mir vielleicht in vier Jahren ein Haus kaufen zu können, ich möchte gefälligst jeden Moment und jede Sekunde leben. Ich habe nirgendwo einen Vertrag abgeschlossen, dass mein Leben bis 90 geht. Niemand hat mir das versichert, warum soll ich davon ausgehen? Ich genieße es einfach.«

Fritz' neue Band heißt »The Sine«, übersetzt die Sinusfunktion. Da merkt man seine zweite Leidenschaft, sein mathematisch-physikalisches Talent.

Nach welchen Kriterien hat er die Band zusammengestellt?

»Ich habe mit meiner alten Band ein Album aufgenommen, in einem Studio in Hannover. Mein Traum war, ich wollte immer eine Band haben, in der ich entscheiden kann, in der mein musikalisches Ich noch besser widergespiegelt wird. In diesem Studio hat der Schlagzeuger Dave während einer Pause zu mir gesagt: ›Ey, Fritz, du hast immer so gute Ideen, warum machst du nicht deine eigene Band?‹ Und die habe ich nun. Dave ist dabei.

Wir verstehen uns, ohne dass der andere etwas sagt. Beim Musikmachen weiß man, wie man instinktiv, wie man zusammenspielt, das passiert dann, als wäre es selbstverständlich. Danach schauen wir uns an und denken, wow, das ist aber krass. Bei der ersten Probe ging es uns so. Da bist du in deiner eigenen Welt und du weißt, keiner kann dir was. Wir haben zwei Stunden lang zusammengespielt. Ohne ein Wort zu sagen, wir haben uns nur angeschaut. Das war das Gefühl, es ist Wahnsinn. Das ist das, wovon ich immer geglaubt habe, wie Musik ist. Und nur manchmal etwas gespürt habe. Und in dem Proberaum habe ich gedacht, das gibt es wirklich, ich habe es gerade erlebt. Egal, was gerade in unserem Leben passiert, es wird sich jetzt einiges ändern. Und wir können gar nichts dagegen machen. Diese vier Leute in dieser Kombination, das ist noch seltener als ein Sechser im Lotto.«

»Wie geht das so mit den zwei Bands?«

»Michi, der Sänger, und ich sind zusammen in eine WG nach München gezogen, um zusammen mit Dave unsere Band zu machen. Durch das Zusammenwohnen haben wir extrem viele Ideen, da sprudelt es nur so. Ich nehme die Gitarre in die Hand, Michi setzt sich daneben, okay, neuer Song ist fertig. Das können sich Außenstehende überhaupt nicht vorstellen, viele Musiker auch nicht. Ich will davon nicht prahlen, denn ich bin selbst auch davon beeindruckt. Aber es ist wirklich so, wir schreiben in kürzester Zeit einen Song, der richtig gut ist, immer etwas Besonderes.

Viele Leute sagen zu den zwei Bands: ›Da verzettelst du dich aber!‹ Ja, ich verzettle mich gern. Der große Fritz sagt, hey, du hast gerade so viel Raum, du kannst alles machen, was du möchtest. Der kleine Fritz sagt, alles klar, let's go. Und dann wird sich aber fleißig verzettelt. Verzetteln gehört für mich zum Leben dazu. Es macht natürlich Sinn, einige der Ideen zu nehmen und sie professionell auszuarbeiten. Das ist dann der nächste Schritt.«

»Wenn man dich mit deiner Gitarre beobachtet, ist es, als wenn du in engem Gleichklang mit ihr arbeitest. Wie ist die Seele deiner Gitarre?«

»Die Gitarre ist ehrlich. Sie ist ehrlich, weil sie spielt, was aus meiner Seele rauskommt. Ich bin der Meinung, ein Instrument klingt nicht besser, weil es toll ist. Sondern es klingt, wie man darauf spielt. Aus einer billigen Gitarre kann man trotzdem viel rausholen. Was da rauskommt, bin ja ich, nicht meine Gitarre. Es ist auch nur ein Stück Holz mit Saiten, die sich bewegen, 440-mal pro Sekunde. Das ist etwas so schön Wissenschaftliches und Physikalisches.«

Wenn Sie Fritz auf seiner Seelengitarre spielen und dazu Michi singen hören möchten, dann sehen Sie sich das Interview auf www.deine-sehnsucht-wird-dich-fuehren.de/#videos bis zum Schluss an. Dort finden Sie eine spontane Jamsession exklusiv für die LeserInnen dieses Buches.

Leidenschaft –
die Triebkraft für Träume

Beneiden Sie auch die jugendliche Klarheit, diese Energie, die sich Bahn bricht? Ja, wenn ich noch mal 20 wär …

Manche Menschen erkennen erst im fortgeschrittenen Alter, welchen Traum sie ihr Leben lang unterdrückt haben. Als ich heute früh auf meinen »Vulkanberg« geschaut habe, lag er plötzlich weiß glitzernd im Sonnenlicht. Über Nacht hatte es auf über 2 000 Meter geschneit. Ein Vulkan im Schnee. Aber das ist nur Oberfläche, wurde mir klar. Ein echter Vulkan lässt sich dadurch nicht abkühlen. Wenn wir das auf mein Bild des Traum-Vulkans übertragen: Unter dem Eis brennt die Sehnsucht weiter.

Das konnte ich bei Martin erleben, er war Arzt. In einem Seminar brach er plötzlich in Tränen aus. Ungewöhnlich bei einem über 50-Jährigen. In einer Übung war ihm klar geworden, dass er immer Musik machen wollte, seit er Schüler war. Er gründete sogar mit einigen Freunden eine Rockband. Aber die Eltern brachten ihn davon ab: brotlose Kunst – vertane Zeit – mach was Ordentliches. Die Sprüche wirkten. Er ging in die Großstadt, studierte Medizin. Er gründete eine Familie. Er wurde ein guter Allgemeinarzt, seine Patienten schätzen ihn sehr. Aber jetzt wurde ihm klar, dass er einen Teil seines Lebens, seine Leidenschaft, nicht gelebt hatte. Und das rief die bitteren Tränen hervor.

Als er sich wieder etwas beruhigt hatte, fiel ihm plötzlich ein: »Patienten haben mir mal gesagt, ich würde bei manchen Behandlungen summen.« Und er konnte das erste Mal wieder lächeln. »Also ist die Musik noch in mir.« Wir redeten darüber, wie er seine Leidenschaft aktiv in sein Leben zurückholen könnte. Er beschloss, seine alten Rock-Kumpels anzurufen, die alle in der Gegend wohnten. »Vielleicht gründen wir eine Altherren-Band. Das Wembley-Stadion wird vielleicht nicht mehr unsere Bühne. Aber Spaß können wir noch eine ganze Menge haben.«

Sie sehen, Leidenschaft hat viele Facetten:

- Sie erleben sie vielleicht als Hingabe. Hingabe ist die Triebkraft für freudiges Schaffen. »Tu, was du liebst!«
- Oder nennen Sie sie »Begeisterung«, dieses Gefühl des inneren Juchzens, weil Sie das machen, was Sie machen möchten. Oft erlebt im Hobby – um wie viel schöner wäre das Leben, wenn Sie das auch im Beruf erlebten!
- Eine Form der Leidenschaft nennen Menschen »Berufung«. Sie haben das Gefühl, sie sind geboren worden, um dieser Berufung zu folgen. Ein großes Wort, finde ich.
- »Ich sehe das als meine Aufgabe« ist die bescheidenere Variante.
- »I'm loving it«, sagen die Amerikaner.
- Und wenn Sie ganz einfach lieben, was Sie tun, erkennen Sie im Wort »Leidenschaft« vielleicht schlichtweg: »Ja, das ist meins!«

Egal, wie wir diese Triebkraft nennen, sicher ist: Bei Träumen ohne Leidenschaft langweilen wir uns an uns selbst.

Schnee auf dem Vulkan. Vielleicht hat Sie dieses Bild auch berührt. Egal, ob wir irgendwann unserem Traum abgeschworen haben. Egal, ob wir ihn zwischendurch einfach vergessen haben. Wenn er sich zurückmeldet, bekommen wir eine zweite Chance. Vielleicht etwas abgemildert, vielleicht etwas weniger ehrgeizig. Beim Wunsch »Ich möchte Klavierspielen können« – da reicht die Bandbreite eben vom Genie des Klavier-Revolutionärs Lang Lang bis zu »Ich würde gern einfache Menuette spielen können«. Erst wenn Sie benennen können, wo Ihr Ziel liegt, bekommen Sie die Triebkraft, genau dieses Ziel zu erreichen.

Vielleicht taucht der Traum genau im richtigen Moment wieder aus dem Nebel auf. Wie sagen die alten Chinesen: »Wenn der Schüler bereit ist, kommt der Meister«. Übersetzt heißt das: Wenn Sie bereit sind, kommt der Traum. Oder: Wenn die Sehnsucht stark genug ist, kommt die Chance. Weil wir die Leidenschaft jetzt viel besser in unser Leben einbauen können. Weil wir erst jetzt die Freiheit zum Träumen haben, weil Pflichten geringer geworden sind. Oder weil es ganz einfach Zeit ist, der Sehnsucht zu folgen. Ohne Zwang von außen und ohne den Wunsch nach Belohnung. Denn das macht den leidenschaftlichen Traum aus: Durch ihn selbst motiviert zu werden, nicht aus dem Bestreben heraus, jemandem zu gefallen oder etwas dafür zu bekommen.

Mihály Csikszentmihályi, der amerikanische Psychologe, hat den Begriff des »Flow« bekannt gemacht. Er meinte damit: Dinge um ihrer selbst willen tun. »Schaffensfreude« können wir das auch nennen oder »ungebändigte Lust«.

3 Impulse für Ihre Leidenschaft

- *Überlegen Sie sich eine verrückte Idee, die eine Fee für Sie realisieren sollte.*
- *Überlegen Sie sich eine Herausforderung, der Sie sich gerne stellen würden.*
- *Fragen Sie in Ihrem Freundeskreis herum und bitten Sie jeden Ihrer Freunde und Freundinnen, eine verrückte Idee zu nennen, was Sie tun könnten.*

Sie sehen, Leidenschaft ist total individuell. Mein Bruder und meine Schwägerin lieben es, das ganze Jahr mit einem Wohnmobil durch Europa zu fahren. Für mich wäre das Höchststrafe. Ich liebe es, auf Bühnen zu stehen und Geschichten zu erzählen, andere sagen, sie würden dabei sterben vor Angst.

Ich kenne Menschen (Frauen und Männer!), die das Bügeln lieben. Ich frage das bei meinen Vorträgen oft spaßeshalber ab. Unter 500 ZuhörerInnen gibt es immer (!) drei bis acht Menschen, die sich begeistert melden. Und wenn sie davon erzählen, klingt es, als würde das Bügeleisen sie direkt ins Paradies führen. Ich fasse es nicht.

Menschen stellen sich auch freiwillig in grünen Gummihosen in kalte Flüsse und warten, dass ein Fisch anbeißt. Oder, noch schräger, sie werfen die Fische zurück, weil sie gar keine mögen. Auch das nennt man Leidenschaft.

Ich bin sicher, Picasso hat nicht angefangen zu malen, weil er daran dachte, später einmal viel Geld für seine Bilder zu bekommen. Daran glaube ich ganz fest: Wenn du etwas tust, weil du es tun willst und weil du es gut kannst, wird etwas Gutes daraus entstehen. Aber vor allem macht es dich glücklich. Wie heißt es im *Kleinen Prinzen* von Antoine de Saint-Exupéry so schön: »Schwing dich zum Mond empor. Selbst wenn du ihn verfehlst, landest du bei den Sternen.«

Große Träume in kleinen Häppchen

»Egal, woher du kommst oder wer du bist,
du kannst jeden Traum erreichen!«

Lang Lang, Pianist

Wann verspüren Menschen in sich den Wunsch, etwas wirklich Sinnvolles tun zu wollen? Meistens durch ein Erlebnis, das sie tief im Herzen trifft.

- Sie sehen im Fernsehen einen Bericht über haitianische Waisenkinder oder über ukrainische Straßenhunde und verspüren den heißen Wunsch zu helfen.
- Sie werden krank, erinnern sich an ihre Träume und versprechen sich, sie jetzt endlich umzusetzen.
- Sie hören den Vortrag eines Weltumseglers und die Sehnsucht packt sie.
- Sie lesen ein Buch über eine Frau, die indischen jungen Mädchen hilft, und spüren ihr hilfsbereites Herz.
- Sie verlieren einen lieben Menschen und spüren, das Leben ist nicht endlich – tu jetzt etwas!
- Sie verbringen einige Zeit an einem Ort, den sie nicht mehr vergessen können, und der Ort »ruft« sie.

Ich habe es in einem früheren Kapitel schon kurz erwähnt: 1979 verbrachte ich als Reporterin sechs Wochen in Flüchtlingslagern in Eritrea und im Sudan. Ich wohnte eine Woche im

»längsten Krankenhaus der Welt«, wie die Eritreer dort stolz sagten. Es zog sich über neun Kilometer durch ein sandiges, heißes Tal, die Operationsräume und Krankenzimmer waren in Felsen gehauen und in den Sand gegraben worden. Ich erlebte Operationen, für die keine Narkosemittel vorhanden waren, und hielt Patienten die Hand.

Ich war im Lager der Kriegswaisen, mit Hunderten von kleinen Kindern, für die es nicht genügend Kleidung und nicht genügend zu essen gab. Um die sich aber junge eritreische Helfer hingebungsvoll kümmerten. Um den Kindern etwas zu trinken zu geben, gruben sie metertiefe Löcher in den Sahelsand, bis sie auf Grundwasser stießen, das sie mit verrosteten Konservendosen herausschöpften. Ich sah kriegsverletzte Kämpferinnen und Kämpfer, die meisten gerade mal Mitte 20, blind, taub, querschnittsgelähmt, mit amputierten Armen oder Beinen.

Mein Herz quoll über vor Liebe für die Menschen, die ich traf. Ich hatte den brennenden Wunsch, mich um sie zu kümmern, das Schicksal zu mildern. Aber ich war keine Krankenschwester, keine Ärztin. Nach einigen Tagen der Euphorie, in denen ich wild entschlossen war, dort zu bleiben, kam die Ernüchterung. Ich konnte nichts, womit ich den Menschen vor Ort hätte helfen können. Ich würde ihnen nur zur Last fallen. Ich war Journalistin. Wo ich helfen konnte, war in Deutschland.

Deshalb kehrte ich mit traurigem Herzen, aber klarem Kopf zurück, schrieb Artikel über die Lage der Flüchtlinge, dem Wunsch nach Freiheit. Ich engagierte mich in einer Hilfsorganisation, dem Eritrea-Hilfswerk in Deutschland, übernahm im Vorstand die Presse- und Öffentlichkeitsarbeit, organisierte Infoabende und war froh, mein Hilfstalent an der richtigen Stelle einsetzen zu können. Jahrelang stand ich zusammen mit eritreischen Flüchtlingen an jedem Adventssamstag mit einer

Spendenbüchse auf dem Münchner Marienplatz. Das war gelebte Persönlichkeitsentwicklung. Wir mussten kritische Blicke aushalten, Anpöbeleien und harsche Sätze von Pelz tragenden Passanten (»Wir haben selber nichts«) ertragen. Es war eine harte Schule, aber es hat viel fürs Selbstbewusstsein getan. Und ich übernahm die Vormundschaft für Sioum, einen zwölfjährigen eritreischen Flüchtlingsjungen bis zu seiner Volljährigkeit.

Die Energie des Schlüsselerlebnisses in den Flüchtlingscamps hält bis heute an. Ich organisiere Spendenaktionen für Frauen in Eritrea, damit sie einen Beruf erlernen können. Habe mich aber immer auch in anderen Organisationen engagiert, seit Neuestem in der Stiftung von Dr. Auma Obama, die Jugendlichen eine Stimme geben möchte, in Kenia und in Deutschland.

Nicht Eitelkeit über all diese Aktionen treibt mich dazu, dies hier zu beschreiben. Ich schreibe das, weil ich Ihrer Fantasie Flügel verleihen möchte. Warten Sie nicht auf den Augenblick, in dem alles perfekt ist und Sie den großen Sinn-Sprung machen können. Sondern überlegen Sie gleich einmal, ob Sie Ihre Werte und das Bild Ihres Traumlebens schon einmal häppchenweise umsetzen können. Lenken Sie Ihre Energie dahin, wo Sie wirklich helfen können. Und beherzigen Sie: Tu, was du kannst. Mit dem, was Sie können. Dort, wo Sie sind. Auch das schafft Sinnhaftigkeit.

Ich erinnere mich an eine Bankerin, Anfang 40, von ihrem Beruf ernüchtert. Sie hatte große Sehnsucht nach Gerechtigkeit und suchte Alternativen. Wir überlegten uns, wo sie arbeiten könnte, bei der Weltgesundheitsorganisation (WHO) in der Schweiz, beim Deutschen Roten Kreuz, bei der UNESCO in Paris oder in der UN-Zentrale in New York. Doch sie hegte den Verdacht, dass es in den großen Organisationen genauso viel schwierige Administration geben könnte wie in großen Banken. Darauf hatte sie keine Lust mehr. Sie wollte vor Ort arbeiten, mit Menschen. Sie bewarb sich bei der Gesellschaft für Technische Zusammenarbeit (GTZ) für einen Einsatz im Ausland. Die vertröstete sie. Währenddessen machte sie eine Ausbildung in ökologischer Landwirtschaft, legte in ihrem Stadtteil Bürgergärten an und begann sich in der Nachbarschaftshilfe einzubringen. Inzwischen ist sie auch in der Kommunalpolitik aktiv. Und sieht das als sehr sinnvoll an.

◗ Dr. Elisabeth Mardorf ist Psychotherapeutin und Coach, sie hat in den USA studiert, hat selbst jede Menge Erfahrung mit unerfüllten Träumen und hilft Menschen, die an sich selbst und ihren Träumen zweifeln.

»Ich habe in Kalifornien viele Menschen getroffen, die ihren Träumen erlaubt haben, in ihr Leben zu kommen. Das hat mich stark geprägt. Natürlich gibt es da auch jede Menge Spinner. Aber auch viele, die ihren Traum verwirklichen wollten. Zum Beispiel eine Frau, die gerne Sängerin werden wollte. Sie wusste aber, für die große Karriere ist sie zu alt. Und sie hat dafür in Kauf genommen, halbtags als Job Sprachunterricht zu geben, nachmittags Gesangsunterricht zu nehmen und abends Auftritte auf kleinen Bühnen zu haben. Das hat sie über 30 Jahre so durchgezogen. Fantastisch. Das war ein Lebenskonzept, das ich so nicht kannte. Was ich aber ganz pfiffig finde. Bei uns ist eher die Tendenz: Wenn das beruflich nichts bringt, dann lass ich das ganz. Schade eigentlich.

Und dann fällt mir noch ein Satz ein, den mir einer meiner Professoren in Berkeley gesagt hat: ›Du hast so eine Überlebenskraft, dich könnte man auf den Mond schießen und du würdest immer noch eine Idee haben, wie du überlebst.‹ Das ist mein Lebensmotto geworden. Das hat mich auch durch harte Zeiten getragen. Und ich habe durchaus auch harte Zeiten hinter mir, vor allem gesundheitlich. Ich kann nicht mehr alles machen, was ich mir vorgenommen habe. Aber dafür gibt es vieles andere und vieles Schöne.«

Elisabeth Mardorf strahlt eine heitere Gelassenheit aus, während sie das sagt, kein Jammern, kein Wehklagen über das, was nicht mehr ist, sondern eine große Offenheit für das, was geht.

»Ein Traum von mir war, dass ich eine große Familie haben wollte, vier Kinder am liebsten. Der Traum klappte leider nicht. Bis wir das begriffen haben, ist viel Zeit vergangen. Es gibt also auch Träume, die sich nicht erfüllen lassen. Man kann sie haben, aber nicht verwirklichen. Was ich aber wichtig finde, ist, dann nicht für den Rest des Lebens zu hadern. Wobei das Thema immer wieder kommt, wenn unsere Freunde jetzt alle ihre Enkelkinder haben. Aber ich möchte deswegen nicht verzweifeln, denn ich habe ja auch sehr viel schönes anderes in meinem Leben. Ich weiß nicht, wie viele Kindersachen ich genäht habe für andere Kinder, ich kann mich dann auch so austoben. Träume zu haben ist wunderbar, aber man muss sich ab und zu damit arrangieren: Das Schicksal hat es anders für mich gemeint. Warum auch immer, ich weiß es nicht, aber ich nehme es hin. Auch wenn ich beruflich viele Menschen unterstütze, ihre Träume zu verwirklichen.«

2001 veröffentlichte sie ihr drittes Buch. Es ging um das Thema Richtungswechsel: *Wer immer geradeaus geht, kommt nicht weit.* Das geschah aus ihren eigenen Erfahrungen. Ihre Krankheit, die sehr massiv auftrat, hatte viele berufliche Pläne zerstört. Sie konnte nicht mehr so viel arbeiten wie vorher und verlor dadurch ihre kassenärztliche Zulassung als Therapeutin. Elisabeth schildert diese schwere Zeit ganz sachlich:

»Wir schreiben ja immer über unsere eigenen Probleme. Nach Erscheinen des Buchs bekam ich viele Anfragen von Menschen von überall her, die zu mir in die Praxis kommen wollten.

Das war der Beginn meiner Arbeit als Coach. Ich beschloss, kürzer und knackiger zu arbeiten, ich begrenze die Themen, wühle nicht mehr so in der Tiefe herum und arbeite mehr lösungsorientiert. Das war dann eine gute Idee, ich bin eben auch ein patentes Emsland-Mädchen, wie mein Mann immer sagt. Ich habe auch so eine humorvolle, freche, ironische Seite, die ich jetzt mehr nutzen kann. Das macht mir sehr viel Spaß.« Sie lacht fröhlich.

Als Coach hat Elisabeth Mardorf viele Menschen begleitet, die Träume hatten. Kann sie kurz zusammenfassen, was ihre Klienten angetrieben hat, sich Hilfe von ihr zu holen? Sie überlegt kurz und nickt:

»Die meisten haben sich gezielt mich ausgesucht, weil ich auch Psychotherapeutin war. Denn ich habe nach kürzester Zeit gesehen, wie unglücklich diese Menschen waren. Das Unglück trieb sie an, nicht nur das Ziel. Es gab einen ziemlichen Leidensdruck. Dabei war klar, wir konzentrieren uns auf die Lösung. Ich habe mich also nicht so auf das Unglück fokussiert. Ich habe dann häufiger Menschen weitervermittelt in die Therapie, weil es da noch tiefere Probleme gab. Es waren relativ wenige Menschen, die nur in ihrer Arbeit Veränderungen wollten, sondern meistens im gesamten Leben. Sie wollten Mut zugesprochen bekommen und die Erlaubnis, ›es‹ zu tun. Oft fühlten sie sich von ihrer Umgebung gebremst statt ermutigt. Ich glaube, es ist eine typisch deutsche Angewohnheit, den anderen auf den Boden der Tatsachen zurückholen zu wollen, Bedenken zu haben, kritisch zu sein. In den USA habe ich eine andere Einstellung erlebt.«

Was ist hilfreich im Leben und beim Umsetzen von Träumen und was ist hinderlich? Hier Elisabeth Mardorfs Erfahrungen:

- Hilfreich ist, sich selbst erst mal klar zu werden, was man will. Zum Beispiel darüber Tagebuch zu schreiben, den roten Faden zu erkennen. Nicht so vage bleiben. Sich selbst prüfen: Ist es das, was ich wirklich will?
- Hinderlich ist oft der Wunsch, dann alles haben zu wollen, nicht bereit zu sein, etwas dafür zu opfern. Alles gleichzeitig – da fällt mir niemand ein, der alles gleichzeitig hat.
- »Hilf dir selbst, so hilft dir Gott«, daran glaube ich. Ich muss selbst dafür arbeiten, etwas einsetzen. Und gleichzeitig gelassen bleiben und darauf vertrauen, nennen Sie es Schicksal, nennen Sie es Gott, dass es für mich sorgt, wenn ich meinen Teil geleistet habe. Also nur das Wünschen ans Universum – da bin ich skeptisch. Es heißt, eine Aufmerksamkeit zu entwickeln, damit man die Angebote vom Schicksal dann auch wahrnimmt.
- Das größte Hindernis sind die Reden von anderen – das sind ja nur Flausen, wer soll denn das bezahlen? Es ist ja meistens die engere Umgebung, die Familie, die Steine in den Weg zu legen versucht. Und das ist sehr entmutigend. Wenn du selbst schon Zweifel hast, brauchst du niemanden, der sie auch noch schürt.
- Schaffe dir den Freiraum, deinen Traum zu leben. Jammer nicht, dass du ja eigentlich ein Genie bist, das niemand sehen will.
- Erkenne zu aufgeblasene Träume. Vielleicht geht nicht gleich die Weltreise, von der du vor dem Fernseher träumst. Schnapp dir dein Fahrrad, frag Freunde und fahre eine Woche lang von Jugendherberge zu Jugendherberge. Dann spürst du schon mal, wie es ist, nicht zu Hause zu sein.
- Du musst nicht alles gleichzeitig machen. Man ist ja kein Versager, wenn man nicht alle Träume und alle Talente gleich verwirklicht. Heb dir Dinge auf. Lass Dinge in Ruhe reifen.

Das ist etwas anderes, als etwas auf später zu verschieben, das ist nicht dasselbe. Man ist nicht total unglücklich, nimmt nicht übel.

- Reise viel in den jungen Jahren, solange du die Kraft dazu hast. Reise mit wenig Geld, mit Rucksack, das geht auch heute noch.

- Und aus der Warte des älteren Menschen: Mensch, liebe Leute, macht verrückte Sachen, solange ihr jung seid und die Gesundheit mitspielt. Dann werdet ihr viel freudiger älter.

- Wenn es überhaupt nicht klappt mit deinem Traum – du arbeitest mehr und noch mehr, investierst noch mehr, bleibst aber unzufrieden –, dann frag dich: »Ist das denn wirklich noch mein Traum? Oder ist es etwas, das aus der Familiengeschichte kommt?«

- Träume sollte man begraben, die sich vor allem um Äußeres drehen, nur eine Hülle darstellen, ohne Substanz, wie diese unsäglichen Modelshows. Die wecken eher Versagensängste.

- Träume haben große Chancen, wahr zu werden, die aus deinem Inneren kommen. Die du vielleicht noch nicht wahr machen konntest, weil es äußere Pflichten gab wie Familie und Kinder. Aber die tief in der Seele schlummern. Für manche Träume müssen wir älter werden.

- Schärf deine Wahrnehmung, für dich selbst, vielleicht auch körperliche Reaktionen, positive Aufregung, Schmetterlinge im Bauch. Und auch die Wahrnehmung auf die Dinge, die Menschen, die mir begegnen. Merke ich, dass mir Themen immer häufiger begegnen? Vielleicht sind sie eine hilfreiche »Synchronizität der Ereignisse«. Das ist übrigens eines meiner Lieblingsthemen. Der Begriff von C. G. Jung bedeutet sinnvolle Zufälle. Also ein Thema ist in meiner Seele aktiv und auf der äußeren Ebene geschehen Dinge, die ein Spiegel davon sind. Manchmal bekomme ich da Hinweise. Wenn man das Gefühl hat: Das konnte ich nicht veranlassen, es ist einfach geschehen.

- Such dir Hilfe, frag um Rat. Das können Freunde sein oder jemand völlig neutraler. Ruf jemanden an: »Hast du mal eine Stunde Zeit für mich?« Auch dafür gibt es ja Coachs.

Träume häppchenweise leben gilt auch für eine Sehnsucht, die schon lange in uns brennt, die aber nie die Verwandlung in eine Berufstätigkeit geschafft hat:

- Sie sind eine begabte Kuchenbäckerin, aber Ihnen fehlt der Mut, Ihren Job zu kündigen und ein Café zu eröffnen: Bieten Sie einem Café in Ihrer Nähe an, jeden Samstag ein, zwei leckere Torten zu liefern. Schauen Sie, was daraus entsteht.
- Sie lieben schöne Dinge, hätten gern ein Geschäft mit edlen Accessoires? Aber Sie wissen, dass dies ja gar nicht geht? Überlegen Sie, ob Sie sich ein Puzzle-Leben organisieren könnten. Vielleicht können Sie nur noch drei Tage in Ihrem jetzigen Job arbeiten (auch wegen Miete und Versicherungen) und einen Tag arbeiten Sie in einem Geschäft für schöne Dinge mit?
- Sie machen seit Jahren Yoga und haben auch schon eine Trainerausbildung gemacht, aber zweifeln, ob man davon leben kann? Es gibt genügend Einrichtungen, denen Sie Yogakurse anbieten können, am Abend oder am Wochenende.
- Sie wären die geborene Schauspielerin, haben nach der Schule aber Einzelhandelskauffrau gelernt? Schauen Sie, wo es in Ihrer Umgebung Kurse für Improtheater gibt oder Laienbühnen. Vielleicht reicht der Spaß ja schon aus und es geht gar nicht um Ruhm?
- Sie haben den Traum, ein Buch zu schreiben, aber Ihnen fehlt

die Gewissheit, dass Sie es können? Oder die Zeit, sich hinzusetzen und es auszuprobieren? Schreiben Sie in Häppchen, Geschichten, Glossen, für Ihre Homepage, auf Ihrer Facebook-Seite, schreiben Sie in Ihrem eigenen Blog über Themen, die auch andere interessieren könnten. Dabei können Sie sich ausprobieren: Macht Schreiben Ihnen wirklich so viel Spaß, wie Sie dachten? Erreichen Sie Ihre LeserInnen?

- Sie haben nach dem Film über den Sänger Paul Pots gemerkt, Sie hätten auch das Zeug zum Sänger? Und hätten Ihre Eltern oder Lehrer nur rechtzeitig Ihr Talent erkannt, dann …? Nehmen Sie Gesangstunden, gehen Sie in einen Chor, gründen Sie einen, was auch immer. Leben Sie Ihr Talent.

Ein Warnschuss als Start ins neue Leben

Manchmal packen uns Orte, sie rufen uns, sie lassen uns nicht mehr los. Wir verlieben uns in sie und wollen ihnen nah sein. So ging es Christina Kasemir. Sie ist 51 Jahre alt und Berlinerin. Sie hat einen 16-jährigen Sohn. Ich treffe Christina Anfang 2015 auf einer Veranstaltung an der Freien Universität in Berlin-Dahlem zum Thema »Gründen«. Unsere Ausstellungsstände liegen nebeneinander. Einige Akademiekolleginnen und ich zeigen lösungsorientiertes Kurzcoaching, sie wirbt für ihr Wellnessstudio in Rambin auf Rügen. »Wieso auf Rügen?«, frage ich sie. Sie strahlt mich an: »Das war schon lange mein Traum.«

Klar, dass sie in dieses Buch passt. Wir verabreden uns im Sommer auf Rügen zum Interview. Ich will sie vor Ort sehen, erleben, wie sie da hinpasst. Ich will auch wissen, wie das zusammengeht, in Berlin leben, auf Rügen massieren. Ist sie eine neue Art Teilzeit-Auswanderin?

Christina empfängt mich in ihrem Massagestudio in Rambin, dem ersten Ort hinter der Seebrücke, zwei Räume, kleine Küche, Bad, in sanftem Grün und Beige gehalten. Die Räume sind über einer Zahnarztpraxis gelegen. Klein, aber fein. Und sie erzählt mir ihre Geschichte:

◗ »Die Sehnsucht hat mich hierhin geführt. Die Sehnsucht ist in Berlin da, und hier merke ich, wie ich sie verwirklichen kann. Ich hatte als Kind schon den Traum vom unbeschwerten Leben. Ich bin schon als kleines Kind häufig mit meiner Familie an die Ostsee gefahren. Da bin ich immer als Erstes runtergelaufen an den Strand, habe gebrüllt, das ist meins, habe mich nackig ausgezogen und bin ins Meer reingerannt. Und ich fand das damals schon unheimlich toll, in der Früh die Erste am Meer zu sein. Und habe mich dann in den Sand gesetzt, geguckt, und fand das toll. Möwen beobachten, das mache ich heute auch noch gerne. Ich habe es am liebsten, wenn niemand am Strand ist. Das ist eine ganz alte Sehnsucht. Ich liebe Salzwasser.«

In ihrem ersten Beruf ist Christina Fotografin. Sie hat unter anderem drei Jahre auf einem Kreuzfahrtschiff gearbeitet, auf der »MS Arkona«. Sie hat zwei Weltreisen gemacht in der Zeit, erzählt sie stolz. Und dort kam erstmals der Gedanke, etwas mit Menschen zu machen.

»Ich habe immer gesehen, wie die Passagiere in ihren weißen Bademänteln entspannt und zufrieden aus dem Wellnessbereich kamen. Da habe ich mir gedacht, wenn du noch einmal etwas anderes machst, dann so etwas. Diese Kunden möchtest du haben, mit den Sternchen in den Augen.« Sie strahlt übers ganze Gesicht.

Aber erst einmal hat sie weiter als Fotografin gearbeitet. Vor sieben Jahren hat sie dann, wie sie es nennt, »vom Leben einen

Dämpfer bekommen«. Sie hatte einen schweren Fahrradunfall mit einem Mountainbike, es hat ihr »die Gangschaltung in den Schädel gepiekst«, wie sie flapsig sagt, aber es war wirklich gefährlich. Am nächsten Morgen ist ihr so durch den Kopf gegangen, was alles noch hätte passieren können:

»Mein Sohn wäre vielleicht ohne Mama gewesen, und es gab doch noch so viele Träume. Und dann sah ich urplötzlich die Bademäntel vor mir.«

Christina macht eine Masseur-Ausbildung, mit zwölf Diplomen, von der medizinischen Ganzkörpermassage bis Ayurveda. Der erste Schritt zu ihrem Traum.

Ich höre immer wieder Erzählungen von Menschen, die nach einem »Warnschuss«, wie sie oft selbst sagen, ihr Leben überdenken und endlich tief sitzenden Wünschen gehorchen: Krebs überstanden und keine Lust mehr auf Kompromisse. Einen schweren Autounfall überlebt und die Reduktion aufs Wesentliche eingeleitet. Von der Partnerin verlassen worden und nach der ersten Schockstarre den Neuanfang genutzt, um endlich das Leben zu führen, das man immer führen wollte. Entdeckt, dass der Mann Alkoholiker ist und Tabula rasa machen, alles auf den Tisch legen.

Auch Christina wusste nach dem schweren Radunfall von einem Tag auf den anderen, dass sie ihr Leben verändern wollte. Sie erzählt strahlend:

»Ich lebe in Berlin mit meinem Sohn zusammen, der ist jetzt 16. Und ich habe Anfang des Jahres mit seinem Einverständnis die Wochen geteilt. Bis Mittwoch, spätestens Donnerstag arbeite ich in Berlin für Privatkunden, aber auch für Firmenkunden. Ich gehe zum Beispiel regelmäßig in eine Schule und massiere da schon seit drei Jahren die Lehrer und Erzieher direkt am Arbeitsplatz. Und ich arbeite in einem Premium-Spa in Berlin, das vor einem Jahr eröffnet hat. Und dann freue ich mich auf die Ostsee und düse Donnerstag, spätestens Freitag früh hier hoch.«

Wie kam sie vom Wunsch, Masseurin zu werden, auf diesen weiterführenden Traum, dass das auf Rügen geschehen sollte?

»Der weiterführende Traum kam wirklich durch das Meer. Ich habe hier einen hübschen Garten mit einer kleinen Datsche mit meinem Freund zusammen. Ich erinnere mich noch ganz genau, es war ein Sonntagabend gewesen. Und ich hatte keine Lust, abends nach Berlin zurückzufahren, ich will das verlängern. Und das kann man ja nur, indem man arbeitet. Das Geld fällt ja nicht vom Himmel. Dann habe ich meinen Freund gefragt, was hältst du denn davon, wenn ich auf der Insel irgendetwas aufmache? Da kam keine große Reaktion. Und ich bin nach Hause gefahren.

Am nächsten Tag habe ich in Berlin die Telefonnummer vom Bürgermeister von Rambin herausgefunden und habe ihn angerufen: Haben Sie mal kurz Zeit für mich? Ich möchte gern in Rambin arbeiten und etwas für die Region tun, ein Wellnessstudio eröffnen. Ich könnte mir auch vorstellen, Arbeitsplätze vor Ort zu schaffen. Er hat gesagt, wann können Sie hier sein? Und ich habe gesagt, morgen? Dann hat er gesagt, ja, kommen Sie. Er hat mich zwei Stunden lang über die Insel gefahren und hat mir Objekte gezeigt. Das hier können Sie für 1,5 Millionen haben, das für zweieinhalb Millionen. Und dann habe ich gesagt, das ist nicht so meine Kragenweite, geht's 'ne Nummer kleiner? Ich möchte es klein und fein haben, gemütlich. Na ja. Der hatte wohl etwas anderes erwartet.«

Sie zeigt ihr herrlich freches Grinsen und lacht bei der Erinnerung an sich als »Großinvestorin«. Christina hat dann immer wieder in Rambin nach einem Objekt für ihre Preisklasse herumgefragt und hat von den Einheimischen Tipps bekommen. Mit Erfolg:

»Dann bin ich hier im Dachgeschoss über der Zahnarztpraxis gelandet. Und das ist gar nicht schlecht, schöne Räume, schöne Lage, absolute Ruhe. Ich liebe die Ruhe. Als Hauptstädterin habe ich echt die Nase voll. Ich finde Berlin inzwischen langweilig. Meine Zeit ist da abgelaufen, glaube ich. Ich habe inzwischen andere Vorstellungen vom Leben. Ich finde es hier toll, morgens die Gummistiefel anzuziehen, mit dem Hund der Vermieterin übers Feld zu laufen, ungeschminkt und pur dem Leben zu begegnen, das ist neu für mich. Ich bin viel mit Menschen zusammen und brauche auch die Einsamkeit. Weil Massagen sind ja eine sehr intime Sache, ich habe immer sehr dicht Menschen bei mir. Und ich habe gemerkt, dass ich als Ausgleich sehr gern alleine, ganz alleine bin. Das ist unglaublich schön hier.«

Ihre Freunde aus Berlin fanden die Idee toll. Sie haben gesagt: »Das ist prima, dann hast du ja jeden Tag Urlaub.« Christina wird richtig ernst, als sie sagt:

»Dass das auch mit viel Bewegen und Drehen zu tun hat, das sieht eigentlich niemand. Also jedem, dem ich das erzähle, der sagt eigentlich nur, toll, das möchte ich auch mal. Dann kommt auch das Wort ›neidisch‹, ein Wort, dass ich gar nicht mag. Man muss nicht neidisch sein, man muss nur machen. Und das anderen vor allem gönnen. Also, ich gönne jedem alles. Und das mit dem ›Nur noch Urlaub‹ hat sich auch nicht bewahrheitet, auf keinen Fall. Ich habe eine echte Siebentagewoche, ich arbeite sieben Tage in der Woche. Und die Freizeit, die sein muss, um Kräfte zu sammeln, die ziehe ich hier oben raus. Ich stehe jeden Morgen um fünf auf, da bin ich noch fit, da lese ich gerne, Bücher und Zeitschriften, da ist der Tag noch ganz frisch. Ja, und dann kommen die ersten Kunden, übrigens nicht nur Urlauber, sondern auch Einheimische.

Mit dem Bürgermeister stehe ich inzwischen sehr gut, ich

habe ihn gefragt, ob er mir helfen könnte, bekannt zu werden. Ich könnte natürlich einige Zeitungsinterviews geben, aber da weiß ich aus meiner alten Praxis, dass das nicht immer so viel bringt. Dann hat er zu mir gesagt, gehen Sie doch einfach zu den Senioren, einmal im Monat treffen sich 40 Senioren hier aus Rambin. Und dann habe ich dort beim Kaffeetrinken einen Vortrag gehalten und aus meinem Leben erzählt. Ich habe ihnen ein Räucherstäbchen geschenkt und einen Teebeutel und habe gesagt, das können wir zusammen mal anzünden, wenn ihr zu mir in die Praxis kommt.«

Wieder lacht Christina ihr verschmitztes Lachen. Berliner Mutterwitz und Frechheit siegen. Und ich erfahre, dass sie ein absolutes Marketinggenie ist. Hier können wir wirklich noch etwas lernen.

»Die Senioren sind sehr interessiert gewesen und sind vor allem nach Hause gegangen und haben es ihren Familien erzählt, den Kindern und den Enkeln. Ja, und die haben mich den ganzen Winter lang gut über Wasser gehalten. Zuerst habe ich die Bevölkerung als Kunden erschlossen, so hatte ich mir das überlegt. Mit denen wollte ich erst mal warm werden. Denn hier vermietet jeder auf Rügen, jeder hat hier eine Ferienwohnung ausgebaut – und legt jetzt da meine Flyer aus. Und dadurch kommen jetzt natürlich auch die Gäste. Die Nordlichter sind ja manchmal etwas kühl, aber wenn sie einen lieben, dann lieben sie einen auch richtig. Ich freue mich, wenn die Einheimischen kommen, da hat sich jeder Gutschein gelohnt, weil aus vielen eine Serie geworden ist. Von den Rambinern möchte ich auch kein Trinkgeld, das hatte noch nie für mich eine Bedeutung. Mein Trinkgeld sind Eier und frisch gekochte Marmelade.«

Diese Frau überrascht mich am laufenden Band. Sie strahlt so viel Fröhlichkeit, so eine Zufriedenheit mit dem aus, was sie hat und was sie erreicht. Ihre Augen leuchten, ihre Begeisterung ist ansteckend. Die Insulaner bringen ihr wirklich Naturalien mit?

»Ja. Ich freue mich so, wenn mir jemand ein Glas Eingewecktes mitbringt oder Kuchen, frischen Salat oder ein paar Radieschen aus dem Garten. Die Bäckereiverkäuferin bringt die frischen Eier mit. Das liebe ich, das sind so die kleinen Dinge im Leben, die machen mich total glücklich. Und wenn ich dann abends hier sitze und das esse, dann freue ich mich darüber. Das vermisse ich in Berlin.«

Von einem Satz auf den anderen ist ihre Fröhlichkeit wie weggewischt, verdüstert sich ihr Gesicht plötzlich und sie sieht traurig aus.

»Berlin ist grob und Ellenbogen raus. Berlin ist ein bisschen böse geworden, finde ich. Jedenfalls für uns Urberliner. Es sind viele Zugereiste, die sich etwas danebenbenehmen. Wir Berliner können auch austeilen, aber mit Herz.«

Sie schüttelt die Traurigkeit ab, wird wieder die patente Unternehmerin auf Rügen.

»Ja, hier ist es anders. Die Einheimischen zahlen natürlich auch für die Massage, aber nur 50 Prozent. Ich habe ihnen das erklärt, sie leben hier, viele haben auch keine Arbeit mehr, die Werften wurden geschlossen, zum Beispiel in Stralsund, wo viele beschäftigt waren. Das ist schwierig, und sie müssen im Sommer, wenn die Touristen kommen, ihr Geld verdienen und über den Winter kommen. Und deshalb habe ich gesagt, Leute, für euch 50 Prozent. Und das funktioniert sehr gut. Es kommen inzwischen auch schon Einheimische aus anderen Orten, es spricht sich unter Verwandten herum.« Jetzt lächelt sie wieder.

Ich möchte wissen, ob sich der Traum so erfüllt hat, wie Christina sich das vorgestellt hatte, oder ob ihr Wunschbild größer, bunter oder eleganter ausgeschaut hatte.

»Er war anfangs ganz groß und ganz elegant. Dann habe ich ihn reduziert auf das Kleine hier. Und mittlerweile wird er wieder größer. Da geht noch was. Jetzt bin ich mutig geworden, jetzt kann ich noch Kohle nachschieben. Im August bin ich ein Jahr hier, ich weiß jetzt, worauf es ankommt, und ich weiß, dass ich hier trumpfen kann mit dem Regionalen. Ich massiere mit Rügener Rapsöl, ich weiß, das kommt vom Feld nebenan, damit kann ich was anfangen. Ich kann meine Geschichten dazu erzählen, und das lieben die Urlauber. Und wir haben die Heilkreide aus Sassnitz, vom Kreidefelsen. Das ist das beste Peeling, das es überhaupt gibt. Heilkreide vermischt mit Rapsöl, ein bisschen Zitrone rein. Das macht Urlauber schön. Ich habe hier auch wieder angefangen zu fotografieren. Und ich möchte die Fotos auch hier ausstellen. So jahreszeitlich dementsprechend dekorieren.«

Die Insel macht Christina offensichtlich kreativ. Sie blickt sich um und sagt:

»Ja, Ideen gibt es viele. Am liebsten wäre mir ein alter Stall, den ich ausbauen kann, mit Wasser und Strom und dann erweitern. Und auch herziehen – auf alle Fälle. Das ist der übernächste Ausbauschritt. Wie stelle ich mir das vor? Ganz einfach. Ich möchte ein paar Hühner haben.« Sie lacht laut über sich selbst.

»Das ist unglaublich. Wenn Sie mich vor ein paar Jahren getroffen hätten, wie sich das geändert hat. Ich habe früher gerne Schickimicki gehabt und bin rumgezogen, und hier und dort und etepetete. Und das hat sich alles reduziert auf das wirklich Wichtige und Schöne im Leben. Das ist sicher auch eine Frage des Alters. Ich versuche, das auch gut an meinen Junior weiterzugeben. Er geht in Berlin zur Schule. Er akzeptiert meinen gelebten Traum absolut. Er ist einer meiner größten Unterstützer. Und ohne ihn hätte ich das auch nicht gemacht. Ich habe ihn gefragt, was er davon hält, ob ich das darf, ihn alleine lassen drei Tage. Und er hat gesagt, mach das, ich sage, wenn es nicht mehr geht. Das ist unsere Verabredung.

Er organisiert sich selbst ganz hervorragend, er hat seine Freundin, also er ist frisch verliebt. Und die beiden schaukeln das ganz gut. Anfangs habe ich viel vorgekocht. Anfangs musste ich Essensgeld da lassen – und heute kochen sie. Dann ruft er manchmal hier bei mir an, wie die Soßen gehen, herrlich. Auch in der Schule hat er jetzt richtig rangeklotzt, alles, was Drei war, ist auf dem neuen Zeugnis eine Eins. Und das trotz der Reduzierung der gemeinsamen Zeit. Oder deswegen? Jedenfalls bin ich ganz stolz darauf, dass es funktioniert. Ich denke, er sieht, wie ich mir den Hintern aufreiße, um meinen Traum zu leben. Und er sieht, dass ich geradestehe für das, was ich mache. Da sagt er sich, das will ich auch. Und wer weiß, vielleicht leben wir ja mal gemeinsam hier auf Rügen, das würde ich mir wünschen.«

Was für eine Ermutigung für alle Mütter oder Väter, die noch einmal durchstarten und ihren Traum verfolgen wollen und die denken, ihren armen Kindern könnten sie das nicht zumuten! Vielleicht bekommen unsere Kinder, wenn wir uns selbst verwirklichen, auch Luft für sich selbst und die Erlaubnis, ebenfalls ihren Träumen zu folgen. Vielleicht werden sie erwachsen und selbstorganisiert, wenn wir ihnen mehr Raum zur Entwicklung geben und uns mehr auf uns selbst konzentrieren? Und das kostet schon genug Kraft, wie Christina Kasemir auf Nachfrage zugibt.

»Manchmal bin ich schon ganz schön kaputt. Da muss ich sehr darauf achten, dass ich mich dabei nicht vergesse. Man kann sich jeden Tag zurechtmachen und nach außen strahlen. Das ist mein Naturell, ich muss mich dazu nicht verstellen. Aber allein die Fahrten sind anstrengend, dreieinhalb Stunden mit dem Auto. Ich fahre aber immer häufiger mit dem Zug, ganz gemütlich BahnCard 1. Klasse, das ist schöner als fliegen. Ich fahre von Berlin bis Stralsund und steige dann um in die Bäderbahn bis hierher. Ich kann Musik hören unterwegs, ich kann lesen, ich kann rausschauen, ich kann die Rehe zählen und mich freuen.

Der Sinn des Ganzen ist, dass ich mich wiedergefunden habe und dass ich begreifen lerne, was ich schon alles gemacht habe. Ich denke jetzt öfter über meine beruflichen Stationen nach, das habe ich in Berlin nie gemacht. Hier habe ich gemerkt, wenn ich über die Felder laufe, dass der eine Schritt den anderen bedingt hat. In Berlin bin ich immer nur wie im Oval des Stadions gerannt, Runde für Runde. Und wenn ich hier unterwegs bin, sehe ich vor mir ein kleines Ziel, ich bin auf der Geraden angekommen. Und ich weiß, dass jeder Schritt in meinem Leben, auch wenn es kein großer war, mir geholfen hat, hierhin zu kommen. Auch die Niederlagen. Besser gesagt, Stationen, die für mich beendet waren. Ich habe durch jede einen Weitblick bekommen.

Hier bin ich angekommen. Anfangs hatte ich ein bisschen Angst, dass es eine Flucht ist, vielleicht haue ich ja auch vor irgendetwas ab. Heute weiß ich, mein Weg hat mich nicht weg von etwas geführt, sondern hin zu etwas Schönem.«

Welche Impulse möchte Christina Kasemir anderen Menschen mitgeben, die einen Traum haben, aber denen entweder der Mut oder die Gelegenheit fehlt, ihn gleich und voller Elan umzusetzen?

- Deine Träume kann dir niemand nehmen. Du musst sie auch niemandem erzählen.
- Träume vergehen nicht, die schleppst du mit dir mit. Und ir-

gendwann klotzt du ran und verwirklichst sie peu à peu, nicht alle und nicht alle auf einmal, aber nach und nach.
- Pflege deine Träume, hol sie immer wieder hoch und arbeite dran.

Eine schönere Erlaubnis können Sie wohl nicht bekommen, in Ihrem eigenen Tempo und in Ihrem eigenen Rhythmus Ihre Lebenswünsche zu erfüllen, als von dieser Herzensfrau, die es vormacht, wie es ist, Träume in Häppchen umzusetzen. Und das ist manchmal tatsächlich die bessere Alternative.

Mit Selbstmitgefühl dem Traum auf der Spur bleiben

Es ist völlig normal, dass durch einen starken Impuls heiße Sehnsucht uns erfüllt, und wir würden doch so gern … Aber dann kommen die *Aber*: Ich kann ja hier nicht alle Zelte abbrechen, die Kinder sind noch zu klein, das Risiko ist noch zu groß, ich kann doch meine alte Mutter nicht im Stich lassen. Ja, manche Träume kommen zur Unzeit. Die gute Nachricht: Wir brauchen sie deshalb nicht zu begraben. Und was noch viel wichtiger ist: Wir brauchen uns das auch nicht übel nehmen.

Eine wichtige Zutat zu einem erfüllten Leben ist Selbstmitgefühl. Ein schöner, wichtiger Begriff: Selbstmitgefühl bedeutet, liebevoll mit uns selbst zu sein, uns nicht niederzumachen wegen vermeintlicher Fehler. Selbstmitgefühl hilft uns, uns mit uns selbst zu versöhnen:

Nein, wir sind keine Egoisten, nur weil wir keine syrische Flüchtlingsfamilie bei uns zu Hause aufnehmen.

Nein, wir sind keine Versager, weil wir doch eigentlich beim nächsten Marathon mitlaufen wollten und nun leider doch nicht zum Trainieren gekommen sind.

Nein, wir sind keine Aufschneider, weil wir letztes Jahr noch vollmundig im Freundeskreis erzählt haben, dass wir ab sofort Vegetarier werden, und plötzlich mit großem Genuss in eine Rinderroulade beißen.

Nein, wir sind keine faule Nuss, weil wir die geplante Wanderreise mit einer Freundin nun doch absagen.

Nein, wer A sagt, muss nicht B sagen. Wir können auch sagen, A war damals ein richtiger Gedanke, doch er hat sich als nicht kompatibel mit unserem Leben herausgestellt.

Wenn wir aus Selbstkritik und Selbstbeschimpfung herauskommen, halten wir uns die Tür zu unserem Traum noch einen Spalt breit offen. Auch wenn wir ihn nicht gleich vollständig umsetzen können.

Wenn wir uns unsere Unvollkommenheit nicht gnadenlos um die Ohren hauen, können wir unsere Sehnsucht in Kopf und Herzen bewahren.

Wenn wir dadurch unseren Traum nicht abwerten müssen – »Was für ein Blödsinn war das denn!« –, können wir weitere kleine Mini-Mäuseschritte hin zu unseren Zielen wagen.

Wenn wir darauf vertrauen, dass sich irgendwann ein günstiges Zeitfenster öffnet, der Moment des »Kairos«, des richtigen Augenblicks, bleiben wir wachsam und können blitzschnell reagieren, wenn er sich zeigt.

Wenn wir darauf vertrauen, dass uns ein freundlicher Zufall eine Chance vor die Füße legt, werden wir sie dann nicht verpassen wollen.

Wenn wir akzeptieren können, dass es aber auch traurige Zufälle gibt, werden wir nicht am vermeintlich bösen Schicksal verzweifeln.

Wenn wir uns selbst vertrauen, können wir an unsere Träume glauben.

Ich wünsche Ihnen einen guten Zugang zu Ihrer Sehnsucht.

Ich wünsche Ihnen eine spannende Sehnsuche.

Ich wünsche Ihnen, dass Sie Menschen an Ihrer Seite haben, die Sie verständnisvoll auf Ihrem Weg begleiten und Sie tatkräftig unterstützen.

Ich wünsche Ihnen, dass sich Ihre Träume erfüllen.

Ich wünsche Ihnen, dass Sie sich im guten Geist Ihrer Vision weiterentwickeln.

Denn ein geglücktes Leben ist keine Utopie.

Ihre Sehnsucht wird Sie führen!

Ihre Erfahrungen

Liebe Leserin, lieber Leser,

in diesem Buch habe ich Ihnen Menschen vorgestellt, die ihre Träume leben. Sie haben Anregungen bekommen, Erkenntnisse gehabt und vielleicht immer wieder beim Lesen einmal unterbrochen und Ihr eigenes Leben betrachtet. Hier noch einmal die Adresse der Website, auf der Sie alle Interviews sehen können und die Arbeitsblätter finden:

www.deine-sehnsucht-wird-dich-fuehren.de

Mich interessiert, welche Erfahrungen Sie mit Träumen haben – mit gelebten und mit verschobenen.

Was hat Sie behindert und was hat Ihnen geholfen, Ihre Vision zu leben, Ihrer Sehnsucht zu folgen?

Wenn Sie Lust haben, schreiben Sie mir Ihre Erfahrungen – vielleicht mögen Sie in einem meiner nächsten Bücher mit Ihren Lebensbeispielen andere Menschen ermutigen?

Schreiben Sie mir per Mail an:
traeume@deine-sehnsucht-wird-dich-fuehren.de

Oder per Post an:
Sabine Asgodom
Prinzregentenstraße 85
81675 München

Nachwort

Ein »Lehrerkind«, das es geschafft hat, sich selbst zu erfinden. Eine Selfmade-Woman! So wird Sabine Asgodom beschrieben, die Lehrertochter, die es wagte, vom »Plan A« ihres Elternhauses, der Schule, der Kirche und allen anderen Institutionen, die ihren Werdegang hätten bestimmen können, abzuweichen und ihrem eigenen »Plan B« zu folgen. Und beim »Plan B« ist es nicht geblieben. Immer wieder springt sie über ihren eigenen Schatten und erfindet sich neu. In ihren eigenen Worten: »Du musst etwas tun, um es zu können. Du musst etwas riskieren, um etwas zu lernen.« Wahrhaftig traut sich Sabine Asgodom das zu leben, was sie predigt – lösungsorientiert, gezielt, aber gleichzeitig offen für Neues. Und es hat sich ausgezahlt. Denn aus der Lehrertochter wurde eine vielfach ausgezeichnete Bestsellerautorin und die bekannteste Vortragsrednerin und Managementtrainerin Deutschlands.

Ich hatte das große Glück, als ich zum zehnjährigen Jubiläum der German Speakers Association mit dem Deutschen Rednerpreis 2015 geehrt wurde, Sabine Asgodom als Laudatorin zu bekommen. Bis dahin kannte ich mich in der Speaker-Landschaft nicht so gut aus. Kannte deshalb auch Sabine Asgodom nicht.

Meinen ersten Eindruck prägte eine Frau mit einem riesigen Lächeln im Gesicht, das bis zu ihren funkelnden, türkisgrünen Augen reicht. Auf Anhieb war sie mir sehr sympathisch. Mir blieb nach dem ersten kurzen Treffen ein warmes Gefühl der Vertrautheit.

Diese Wirkung hat Sabine Asgodom auf Menschen. Ihre

ganze Miene strahlt Lebenslust statt Lebensfrust aus. So freute ich mich schon auf das verabredete Gespräch. Instinktiv wusste ich, dass diese Frau, ohne viele Worte, verstehen würde, worum es beim Wesen von Auma Obama geht.

Durch das Prinzip »Use what you have to get what you need« – Benutze, was du hast, um das zu bekommen, was du brauchst – lehrt meine Stiftung Sauti Kuu junge Menschen aus sozial und finanziell schwachen Familien, ihre vorhandenen Ressourcen wahrzunehmen und zu nutzen, um sich selbst zu helfen. Gefördert wird das Aktivwerden, das Selbstvertrauen und die Eigenverantwortung der jungen Leuten, damit sie mitbestimmen können, was aus ihrem Leben wird.

Ganz in diesem Sinne schreibt Sabine Asgodom: »Ich bin gut, ich kann das und es ist richtig, dass ich für mich und meine Interessen einstehe.« Dieser Satz trifft genau zu auf das, was auch wir zu vermitteln versuchen.

Manchmal trifft man einen Menschen und man hat sofort das Gefühl, dass man die Person schon ein Leben lang kennt. So ergeht es mir nun im ersten näheren Gespräch mit Sabine. In Bezug auf unsere Lebensauffassung sprechen wir die gleiche Sprache. Ich gebe Antwort auf ihre Fragen, erkläre, was ich bei Sauti Kuu zu erreichen versuche. Und auf Anhieb versteht sie mich. Aus dem Interview wird ein Austausch von Ideen und Anregungen, die uns beide neue Ansätze in der Auseinandersetzung mit Menschen, jung und alt, geben. Wir ergänzen uns und bestätigen uns gegenseitig. Ein spannendes Gespräch, das weit über die geplante Interviewzeit hinausgeht.

In der Arbeit mit jungen Menschen sieht man immer wieder, dass sie, wenn man ihnen eine Möglichkeit zur Verbesserung ihrer Lebenssituation gibt, diese auch mit dem nötigen Selbstbewusstsein nutzen und umsetzen. Möglichkeiten und Perspektiven zu schaffen, in denen junge Leute erkennen können, was sie brauchen, um damit das zu tun, was sie wollen, ist eine der grundlegenden Aufgaben unserer Arbeit. Sauti Kuu stellt den Jugendlichen einen mentalen und physischen Raum zur Verfügung, um ihnen dabei zu helfen, sich auszuprobieren und ihr Talent und Potenzial zu entfalten.

Ähnlich sagt Sabine Asgodom: »Menschen wissen eigentlich, was sie bräuchten, um glücklich zu sein. Übe Ja sagen – lass dich ein. Probiere Dinge aus.« Auch sie ermutigt Menschen, ihre Potenziale auszuleben und Möglichkeiten zu erkennen, wie sie ihre Stärken für sich selbst erfahrbar und erlebbar machen können. »Sehnsüchte« nennt sie dieses nötige Wissen. »Wer die Verbindung zu seiner Sehnsucht aufnimmt und dann in die Sehn-Suche geht, bekommt die umwerfende Chance, sein Traumleben zu führen.« Mit solchen Sätzen fordert Sabine uns auf, diesen Traum – unseren Herzenswunsch – auszuleben und ihn nicht im Alltag versickern zu lassen und aufzugeben, weil er plötzlich als unrealistisch erscheint oder wir Angst haben.

»Gib deinen Traum nicht auf, bleib dran, halt durch. Lass die Sehnsucht dich führen, auch wenn du in der Zwischenzeit einige unerwartete Umwege machst.« Bei diesem Satz von Sabine Asgodom muss ich mich wieder auf die Lehrertochter besinnen, die es so weit gebracht hat, weil sie immer wieder wagte, ihren Plan B, C, D etc. selbst zu definieren.

Und ich bin aufs Neue der Überzeugung, dass es dringend notwendig ist, dass Menschen, insbesondere den jungen, die Möglichkeit gegeben werden muss, ihr Potenzial auszuleben. Sie müssen mit der positiven Macht des Wortes »Nein« vertraut gemacht werden. Mit der Beherrschung dieses Wortes und dem verantwortlichen Umgang damit haben sie die Option und die Fähigkeit, sich konstruktiv gegen einen »Plan A« der Eltern und gegen den gesellschaftlichen Leistungsdruck zu behaupten, um zu einem eigenen alternativen »Plan B, C oder D«

zu gelangen. Das führt auch zum Lebenserfolg, davon bin ich zutiefst überzeugt.

Es gilt, eine eigene Stimme zu haben, die gehört wird und die an Entscheidungen, die das eigene Leben betreffen, beteiligt ist. Sie ermöglicht die Verwirklichung der Sehnsüchte, der Herzenswünsche und der Träume. Das ist das Ziel. Nach diesem Prinzip versuche auch ich mein Leben zu führen.

Die Vermittlung von Werten wie Mut, Freude, Toleranz, Menschlichkeit, Empathie, Pflichtgefühl und Ethik stellt ein zentrales Standbein einer solchen Entwicklung dar. Es soll nicht erreicht werden, immer nur in Wettbewerb miteinander zu treten. Stattdessen soll man auch durch Zusammenarbeit und Kooperation Selbstwirksamkeit erleben. Nur durch eine authentische und verantwortungsvolle Auseinandersetzung, Zusammenarbeit und Kooperation miteinander kann man die eigene Selbstwirksamkeit erleben.

Kein Wunder, dass Sabine Asgodom mich fasziniert. Ich höre ihr aufmerksam zu, wie sie über ihre spannende Arbeit und ihre Weltauffassung erzählt. Ich bin gefesselt, hole mir Tipps von ihr. Ich verstehe, warum sie so erfolgreich ist. Sie hat die Gabe, einen emotional zu packen. Man spürt, dass sie beim Erzählen ganz ehrlich ist. Sie gibt alles von sich, ist voll dabei.

In dem Moment wird mir klar, dass ich ein großes Vorbild vor mir habe. Ich kann von dieser Frau mit dem großen Lächeln und den lachenden Augen sehr viel lernen. Ich erkenne eine Seelenverwandtschaft, die mich und Sabine Asgodom für lange Zeit verbinden wird. Und ich bin sehr froh darüber.

Dr. Auma Obama,
Germanistin, Rednerin, Initiatorin und Vorstandsvorsitzende
der Stiftung Sauti Kuu (»Starke Stimmen«)
www.aumaobama.de

Dank

Ich danke den 15 einzigartigen Menschen, die ich für dieses Buch interviewen und filmen durfte. Es war eine Freude, euch/ Sie zu treffen, kennenzulernen oder wiederzusehen. Danke für die Ehrlichkeit und Wahrhaftigkeit, dass ihr nichts beschönigt und nichts verharmlost habt.

Ich danke meinen »Erstlesern« Bilen und Semhar Asgodom, Siegfried Brockert und meiner besten Freundin Elke Opolka. Danke für euer Verständnis, dass ich mich fürs Schreiben allein zurückziehen musste. Ihr habt mir Mut gemacht, wichtige Fragen gestellt, wertvolle Anregungen und Ergänzungen gegeben. Und eure Anmerkungen wie »Toll«, »Top« oder »Ja!« auf dem Manuskript werde ich mir ausschneiden und an den Spiegel kleben.

Ich danke Usha Swamy und Gerhard Plachta für die gute Betreuung im Kösel-Verlag.

Ich danke dem gütigen Schicksal, das mir ermöglicht hat, mir die Auszeit zum Schreiben im Hotel Hochschober zu nehmen – und für den köstlichen Früchteteller, den ich jeden Tag auf meinem Zimmer vorgefunden habe.

Ich danke meinen Eltern, die ermöglicht haben, dass aus mir geworden ist, was aus mir geworden ist. Schade, dass ich euch das zu euren Lebzeiten so nicht sagen konnte.

Literaturempfehlungen

Wenn Sie sich weitergehend mit den Themen Träume, Visionen und Sinn des Lebens beschäftigen möchten, habe ich hier einige Literaturempfehlungen für Sie:

Asgodom, Sabine: *So coache ich. 25 überraschende Impulse, mit denen Sie erfolgreicher werden,* Kösel 2012

Asgodom, Sabine; Brockert, Siegfried: *Vom Luxus der Zufriedenheit. Wieviel brauchen wir zum Glücklichsein?,* Goldmann 2015

Bartens, Werner: *Empathie – die Macht des Mitgefühls. Weshalb einfühlsame Menschen gesund und glücklich sind,* Droemer 2015

Ben-Shahar, Tal: *Glücklicher – Lebensfreude, Vergnügen und Sinn finden,* Riemann 2007

Biswas-Diener, Robert : *The Courage Quotient. How Science Can Make You Braver,* John Wiley & Sons 2012

Csikszentmihályi, Mihály: *Flow – Das Geheimnis des Glücks,* Klett-Cotta 2014

Dweck, Carol: *Selbstbild. Wie unser Denken Erfolge oder Niederlagen bewirkt,* Piper 2009

Eckstein, Holger: *Auf die innere Stimme hören. Wie Sie Sinn, Glück und Erfüllung finden,* Kösel 2015

Frankl, Viktor E.: *Das Leiden am sinnlosen Leben. Psychotherapie für heute,* Kreuz 2015

Frankl, Viktor E.: *Der Mensch vor der Frage nach dem Sinn,* Piper 1985

Fredrickson, Barbara L.: *Die Macht der guten Gefühle. Wie eine positive Haltung Ihr Leben dauerhaft verändert,* Campus 2011

Fromm, Erich: *Authentisch leben*, Herder 2006

Fromm, Erich: *Haben oder Sein. Die seelischen Grundlagen einer neuen Gesellschaft*, dtv 2005

Lyubomirsky, Sonja: *Glücklich sein. Warum Sie es in der Hand haben, zufrieden zu leben*, Campus 2013

Seligman, Martin E.: *Flourish – Wie Menschen aufblühen. Die Positive Psychologie des gelingenden Lebens*, Kösel 2012

Seligman, Martin E.: *Der Glücks-Faktor. Warum Optimisten länger leben*, Bastei Lübbe 2005

Snyder, C. R.: *The Psychology of Hope. You Can Get Here from There*, Free Press 2003

Winkler, Beate: *Es ist etwas in mir, das nach Veränderung ruft. Der Sehnsucht folgen*, Kösel 2014

Würzberg, Anja: *Der magische Moment. Paare erzählen von der großen Liebe*, LVH 2014